读書
HACKS!

高效能
阅读

[日] 原尻淳一 著
JUNICHI HARAJIRI

程亮 译

后浪出版公司

江西人民出版社
Jiangxi People's Publishing House
全国百佳出版社

目 录
Contents

第 2 章 沉迷读书技巧——跟书谈恋爱与契机管理

第 3 章 读书环境技巧——求知兴奋 × 环境设定 × 实体书店的刺激

第 4 章　速读技巧——"假设"与"验证"的互相追逐

第 5 章 加快理解的"类比读书"技巧

第 6 章　"解剖读书"技巧——将书分解、收集线索的技术

第 7 章　用于超级产出的数据库技巧

A＝变得喜欢读书

B＝速读／构思创意

技巧

绕道读书
—通过维基百科阅读作者的轶事
⇨技巧 14
—先倾听作者的声音 ⇨技巧 15

活用"指针"，快速找到重要位置
⇨技巧 44

通过"游牧读书"保持紧张感
⇨技巧 10

碎片读书术
利用"读书套件"抓住间隙时间
⇨技巧 50

从较薄的书开始读起
⇨技巧 08

索引阅读
通过索引寻找必要信息
⇨技巧 45

主轴

开始！

$3D→2D$

在现场发现感兴趣的主题
从内在动机开始
⇨技巧 03

遇见"座右书"
⇨技巧 05

关键词的发掘
—目录读书
⇨技巧 39
—黑体字读书
读书 ⇨技巧 41

假说验证备忘录
—用便利贴在重要位置做标记
⇨技巧 42
—"书＝笔记本"，在其上做笔记
⇨技巧 43

利用现场实况的魔力
⇨技巧 06

环境

拥有兴趣相投的书店
⇨技巧 32

70	20	10
专业领域	周边	挑战

读书的投资基准
70：20：10
⇨技巧 57

在书店附近有常去的休息场所
⇨技巧 35

全面活用联想检索
⇨技巧 58·59
Webcat Plus/IMAGINE Book Search

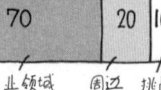

打造家庭图书馆
⇨技巧 26

创建读书社群
⇨技巧 36

C=编写原创教科书，使知识立体化

使你成为职场专才的垂直型阅读
⇨ 技巧 53

类比阅读
从所有体裁中找出与专业共通的本质
⇨ 技巧 61

解剖读书
收集优质信息片段
⇨ 技巧 68

制作"教训手册"
⇨ 技巧 60

营造"思考的主场"
⇨ 技巧 53

通过 Gunosy 获取策展信息
⇨ 技巧 72

打造"书脉"
⇨ 技巧 28

D=用于产出的体系创建和结构化

利用"读书卡"来集中管理读者数据
⇨ 技巧 78·84

产出时用文件夹统一管理材料
⇨ 技巧 86

全部都在！

在云端创建原始数据库

Facebook

Dropbox

⇨ 技巧 79

目标！

著书立说

实现产出！

利用书夹解放双手
⇨ 技巧 85

早晨是产出的时间
⇨ 技巧 87

因为大脑会在早晨九点被整理……

前　言

为避免被信息洪水淹没而读书

论及"阅读"的重要性，恐怕没有哪个时代能与当今相比。

除电视、广播、报纸、杂志等大众传媒以外，互联网和智能手机等工具的普及使得CGM（consumer generated media，即消费者自主媒体）开始兴起。我们所置身的信息环境，简直可以用"洪水"来形容。

相关调查呈现出了这一实情（见日本总务省信息通信政策研究所于2011年8月公布的《信息流通指数报告书》）。该调查结果显示，2009年的信息流通量约为7.6ZB（7.61×10^{21}比特，相当于每天2.9亿张DVD），已达到难以想象的程度。

下面，我们再从生活的实际感受出发，看看信息量对比前一年的增长幅度。

根据调查结果来看，2001年到2006年的六年之间，信息增长量约合4400万张DVD，而2007年比2006年约增加了3700万张，2008年比2007年约增加4500万张，2009年比2008年约增加1800万张。简而言之，**2008年一年的增长量超过了2001年到2006年这六年间的增长量总和，达到了可怕的程度。**况且，我们在互联网上所查阅的信息，并非仅限于日本国内信息。因此，我们可以说是正在"信息洪水"中苦苦挣扎。这就是当前的现状。

所以，**我们必须牢牢地掌握"阅读技术"，否则一定会淹没在信息洪水之中，被时代大潮远远地抛在后面。**

而且，现在自媒体非常发达，这使得新型读书变得大有必要。这是因为，个人在博客、SNS（social networking services，即社交网络服务）上发布信息的行为，为人们提出了一个新的课题，那就是写文章，亦即自己创造内容。

也就是产出技巧。

在这种情况下，我们必须寻找典范书籍，来作为自己文章的素材或范本。在我看来，这样的**"为写而读""为产出而投入"，正是时代环境的要求。**因此，无论是玩"Ameblo"（Ameba网站旗下的日文博客网站）的女大学生，还是使用社交网站"Twitter"的高中生，抑或是利用另一大社交网站"Facebook"进行宣传活动的商人，都必须阅读高质量的文章，以掌握更好的产出技巧。

这里出现了一个新的读书课题：旧有的只专注于投入高效化的读书方式已不再适用，如何做到为了产出而快速阅读，以及能够获取多少高质量的信息，变成了关键所在。

真正的学习＝"3D"×"2D"

既然读书的课题已经发生了变化，那么"学习"本身也必须随之改变。迄今为止，日本的教育体系始终是基于教科书进行授课，考验并评价学生的记忆和理解是否正确。从信息和媒体的角度分析，这种体系可以表述为，通过教科书这一媒体所进行的、以二维信息为主的学习。我们称之为"2D学习"。

在日本，从小学入学到大学毕业，主流教育都是这种"2D学习"。然而，**这种学习方式的问题在于，学生空有理解而缺乏实际感受，不知道如何将所学知识与现实社会联系起来，也不知道如何将其活用于自己的生活，所以会感到无趣，不明白自己为何学习，自然也提不起劲头。**

学生们在经历过各种各样的考试，并切实体会过"2D学习"的痛苦之后，往往会把大学生活视为从痛苦中得以解放的奖励，游手好闲地度过四年时光。

那么，什么才是我们需要的呢？关键词是现实（即三维信息）。

所谓三维信息，就是我们正生活着、接触着的现实世界的信息。尤其是学习社会科学，关键就在于能否先**在学生时代找到真正的兴趣爱好，然后在体验的过程中培养出精益求精的意志。**为了促使这种意志萌芽，很多大学提倡实地考察，并积极推行与就业挂钩的实习制度。这就是本书所说的"3D

学习"。

需要注意的是，不管通过"3D学习"找到了多少感兴趣的事物，如果只会"3D学习"，那还算不上是真正的学习，而光靠"2D学习"也是无法改变世界的。**关键是要将"3D"和"2D"结合起来。**

日本的教育体系所面临的问题，正是如何巧妙地形成"3D"×"2D"的结构，给学生装上求知的引擎，使其自行驶上通往智慧的道路。首先，要让学生通过生活实践、商务实践，尽早找到自己感兴趣的事物，然后在学校里进行研究，并阅读大量书籍，做彻底调查，之后产生新的问题，再带着新问题重返实践。这样的循环能够维持求知兴奋度，是使学生意识到读书是自身的事的关键。

如此一来，"2D学习"中读书的问题也就明确了，正是在于学生没有把教科书或读书的相关信息当作自己的事。因此，**及早设定主题不仅能够促进信息向"自身的事"转化，还能使学习形成循环。这样一来，从结果上讲，读书将不再是苦差，而是成为探究的工具，变得"令人兴奋"。**

本书将要介绍的，不是以往优等生式的、只为让学生习得文化的2D读书论，而是为了扫清先前所见的时代背景和读书问题，将行动与读书联系起来，使信息形成循环，并在巩固知识的同时，为实现优质产出而做好准备的结构优化的"21世纪型读书论"。

从读书初级篇到高级篇——体现成长的结构

东洋经济新报社于2008年出版的本书的原版，其目录结构是为商务人士量身定制的。而这一次，**借着发行文库版的契机，本书扩大了读者对象，改变了目录结构，使其呈现出阶段性成长，以满足各类水平的读者——从不善读书的人到读书爱好者——的需求**。请大家阅览目录，根据自己的"读书水平"，自由确定开始阅读的位置。当然，也可以从自己感兴趣的地方开始阅读。另外，已经掌握的技巧大可略过不看。

下面是本书内容的简单介绍。

第1章到第3章是"读书初级篇"。

第1章介绍了对读书不感兴趣的人"养成读书体质的窍门"。由于不善读书的人往往被"必须通读"的强迫观念所束缚，所以本章的重点在于读书意识的转变。

第2章介绍了"沉迷读书的窍门"。本章列举了若干窍门，比如不要贸然从正文入手，而是先调查作者的相关信息；或是倾听作者的声音，从而强化自己的阅读兴趣；或者刺激五感，以帮助精神在读书时进入专注状态。

第3章的主题是如何创造读书环境。本章介绍了如何创造能够维持读书热情的环境，例如从书房、书架，到喜欢的书店，再到参加作者签售活动等。

第4章是"读书中级篇"，以速读为主题。本章对于学术性的读书技巧略有涉及，同时介绍了迅速发现关键词，以便加深理解的技巧。

第5章、第6章与产出有关，从这一意义上讲，可将它们视为"读书高级篇"。

第5章是确立自己的专题，通过各种体裁找出本质，同时介绍了类似于读书术的相关内容。这是一种使知识立体化的读书法，主要通过垂直型阅读加深专业深度，并通过水平型阅读找出其他体裁也具备的共通本质。

第6章是解剖读书术。本章以如何截取可活用于自身产出的知识信息片段为主题，分别介绍了从标记方法到杂志剪贴等保存技巧。

最后，第7章的主题是如何构建用于产出的数据库。本章介绍了将文化人类学家梅棹忠夫先生的智识生产技术聚合成云端版的要点，以及在图书馆一口气制作读书卡的诀窍等，同时谈到了产出的准备工作。

此外，**我将迄今已出版的百余册读书术书籍通读了一遍，其中经我实证有效的内容和本质上能够产生共鸣的内容在这本书里随处可见。这可算是本书的一大特征。**因此，本书中出现了众多读书术的标题和诸多作者。出于这种独特的设计，读者若能找来大量感兴趣的读书术书籍同时阅读，应当更能进一步加深理解。

本书既是读书术的阶段论，又是窍门、习惯、技巧的综览。不要读完就算了事，请务必亲自实验其中至少一项，自由判断自己"能不能用"。实验结果当中留给读者的东西，才是"未来的粮食"。

　　前言到此为止，下面马上进入正文吧。

2013年8月

原尻淳一

读书体质改善技巧

刺激与习惯的时间轴

读书技巧 01
达尼埃尔·佩纳克先生的"读者权利十条"

我小时候国语很差，最不拿手的就是暑假作业里的"读后感"。我非常讨厌它，甚至恨上了学校，不明白为什么要强制自己阅读根本不想读的书。所以，我很理解厌书者的心情。

那么，第一个技巧就从解除不善读书之人身上的魔咒开始吧。

据我所知，学者林望先生的《如何磨砺智慧》一书中讲到的"第 2 日　读书的幸福"，就是最好的解毒剂。林先生在该章中提及法国当代作家达尼埃尔·佩纳克（Daniel Pennac）的著作《宛如一部小说》，并介绍了如下的"读者权利十条"：

读者权利十条

第一条　不读的权利

第二条　跳读的权利

第三条　不读完的权利

第四条　重读的权利

第五条　读不择书的权利

第六条　包法利症（易被小说内容感染的症状）

第七条　读不择地的权利

第八条　随意选读的权利

第九条　朗读的权利

第十条　默读的权利

各位以为如何？这些权利并不是为优等生提出的，而是为了给劣等生增添勇气。我尤其有共鸣的是第二条、第三条和第八条。可以不读完、可以跳读，这是读者的权利。这些权利使读者的心灵得到了解放。

不善读书的人，往往会被"必须从头读到尾"的强迫观念所束缚。事实上，我以前就是如此。"必须通读"的观念，会使读书变得"痛苦"，变得"麻烦"，最后变得"讨厌"。"读者权利十条"斩断了这种恶性循环。

此外，林先生还断言，"不能把缺少内在动机的读书强加于人"。

他认为，一旦阅读"古今名著"沦为形式主义的行为，那么"把书读完本身就成了目的"。于是，读书者便会以之为勋章，开始表现得骄傲自大。也就是说，**缺少内在动机的读书甚至会造就这种令人反感的人。**

所以林先生认为，读书"应该等待时机——当某种内在动机涌上心头时，自己从书架上抓出自己想读的书"。也就是说，"读书应以自己的好奇心为原点，从感兴趣的地方入手"。

读书技巧 02

学习的引擎与读书的能量

在我看来，林先生指出的问题不只限于读书。

我以前任大学教师时，特别在意大学生"参与授课的方式"。积极者与消极者之间的差距相当大。我很想弄清楚差异出现的根源，为此对学生们进行了采访，得知根本原因确实在于"内在动机"的有无。

有内在动机的学生，会主动琢磨怎样活用"课堂"，并积极参与其中。例如，我的学生里有个男孩，他的理想是成为新闻记者。他刚进大学时，曾打算加入校报社，但与前辈们聊过之后，他对现状感到极为惊讶。在他看来，校内新闻应当通过互联网向世界公开，而不应该只面向校园内的学生，可是前辈们坚持采用原有的纸媒，固执地守着校园这个小天地。

因此，他不再想加入校报社，而是打算自己在Facebook上创建一个新闻主页。如此一来，他就需要学习社交媒体的相关知识，摄影技术也是必备的，文笔不好也不行，还得掌握采访要领。所有问题都成了自身的事，这似乎提高了他利用课堂认真查缺补漏的意识。

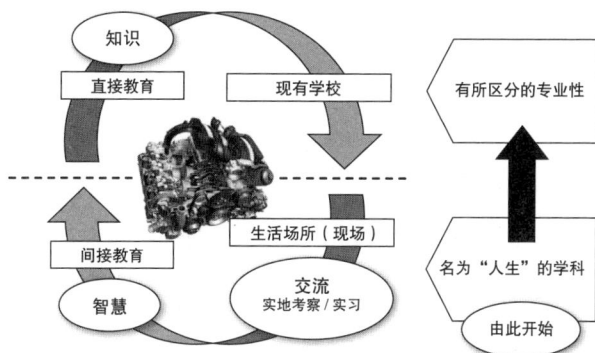

这个循环运转得越久，学习就会变得越快乐，从而为终生学习不辍奠定基础。

要是能像他这样就太好了。想当新闻记者的志向与授课产生联系，开始形成"产出（创建网站）"和"投入（上课）"的循环。这个循环运转得越久，学习的引擎就会变得越强劲。

反之，没有内在动机的学生觉得听课很痛苦，所以会心安理得地在课堂上睡大觉。**他们上学的目的很乏味，仅仅是为了"拿学分"而已，因此会陷入知识未能成为自身的事的恶性循环，度过毫无意义的大学生活。**这样的学生不在少数。如果说这是现有教育体制的畸形之处，那就必须加以矫正。

根本问题是什么？至少是大学生的意识中，缺少了与学问息息相关的"内在动机生成机制"。

迄今的教育形式，均以"直接教育"（单方面地传授知识）为主。光靠这种形式就能维持学习动力的孩子只有少数。所以，我们应把关注的目光投向"间接教育"。学生应该身临现场，明白自己在教室里学到的知识可以活用于实际生活，而且更应发现相应的"主题",确信这样的学习很有必要。孕育这种"内在动机＝好奇心",并与学问联系起来的教育设计很重要。

当"内在动机＝好奇心"的引擎发动时,充当汽油的便是"读书"。认知的喜悦和知识本身,会使学习的引擎加速。我想,当知识逐渐与自身的事联系起来,并且自己充分感受到成长的时候,也就奠定了终生学习不辍的基础。

读书技巧 03

从"2D学习"到"3D学习"

下面稍微换个视角来看教育与读书的关系。迄今的教育方法，在本书的前言中便已简单提及，都是基于教科书进行的。也就是说，其基本形式均为记忆平面纸媒（＝2D）上所写的内容。考试是为了确认学生是否理解教科书中的内容，也就是"确认投入的精度"。对于不感兴趣的学科，学生理解起来自然非常困难。

麻省理工学院媒体实验室所长伊藤穰一曾在接受 *WIRED* 杂志的采访时表示，"不仅限于日本，在全世界的任何地方，都有很多'对一切事情不感兴趣'的孩子。然而，学校却不教他们'培养兴趣'。孩子们的兴趣爱好，反倒是从朋友或社群那里得来的。喜欢看漫画也好，喜欢玩游戏也好，有了兴趣才会行动，有了行动才会'学习'"（着重号为笔者追加）。

我从这段话中看出了一个假设——**学生的兴趣并非源自2D，而是来自真实的现场，即3D。**

我认为，大学的学习应从3D开始，帮助学生尽快培养出兴趣和好奇心的萌芽，即"3D学习"。这才是关键。尤其是在社会科学领域，要让学生站在现实社会的角度展开观察，对自己抱有疑问、感到不可理喻，或是觉得有趣的事情进行深入发掘。最好能对这样的学习方式实现课程化。如果能激发大一、大二学生这样的兴趣和好奇心，或许能对学生的学习欲望起到促进作用。

由3D开始，就能从漫无目的的痛苦投入中解脱出来。在我看来，为了深化自己的好奇心而确立"读书"地位的学习方法，至少就结果而言，是能够消除厌读心理的。

读书技巧 04

"实验"读书的建议——注重以行动为中心的阅读

因《智识的生产技术》一书而闻名的梅棹忠夫先生,用"注重以行动为中心的读书吧"这句话鼓舞我们。他在《我的读书法》一书中指出,读书已拓展到了"为行动所做的准备"这一出人意料的领域。为了活得更好而进行的"学习",是与行动直接相关的。

例如,试想一下盖房子的过程吧。

首先要有土地。买地只能向银行贷款,所以你会关注利率的动向,还会调查优惠税制的时限,并学习房地产相关知识。而且,如果是自己规划房屋,还得学习设计。此外,还须留意节能技术(尤其是通风),一边构想着包括人生规划在内的十年后的情景,一边与注册建筑师商讨。

这些就是因"盖房子"这一行动而需要掌握的知识。

育儿同样如此。一开始孩子还小的时候,妈妈没有育儿经验,不知道该做什么,只能阅读各种各样的育儿书籍和杂志,吸收育儿所必需的信息。同时,为了防止孩子生病,不仅必须了解医疗信息，还得学习断奶后的饮食做法。

由此看来，我们在生活上的"学习"，绝非像大学里那样的纵向专业分割，而是更加整体的东西。借用怀特海[1]的话来说，便是"人生"本身。

首先要有行动，然后为了提高行动水平而广泛阅读，进行"实验"，确定什么好、什么不好。如此一来，每天的生活都会变得切实而准确。人生能否活得更好，关键就在于能把这样的循环运转到什么程度。

商业即是个中典型。商务阅读是以业务为中心的阅读，其目的是提高业务绩效和产出精度。正因如此，才需要通过广泛阅读来吸取信息，进行大量商务实验，掌握堪用的技术和理论。

若能把这一行为养成习惯，你的大脑在每次读书时都将感受到喜悦，进而上瘾，使你逐渐变成"读书体质"。

NOTE

注1：哲学家阿尔弗雷德·诺思·怀特海（Alfred North Whitehead）在《教育的目的》一书中提出这样的疑问："以教育为目的的学科只有一个，便是'人生'，纵使其所呈现的形态千差万别。然而，我们却置此单一的综合学科于不顾，逼孩子学习那些与人生全然无关的代数、几何、科学、历史等学科，还有两种绝对留不住的外语。最后，最令人担忧的一点是，对教给孩子的文学只做语言学上的注释，其中以莎士比亚的戏剧为代表，单单对实质上仅寄托于追忆的情节或登场人物进行简单分析。正如我们在现实人生中所了解的那般，这样的学科清单足以代表'人生'吗？"

读书技巧 05

遇见"座右书"

下面把目光对准读书。

我看过现有的介绍读书论和学习法的书籍后，不禁大吃一惊。其中的许多作者，从小就已拥有惊人的读书量。

例如，著名作家立花隆先生在《我的读书履历》一书中收录的自己在中学时代的作文《回顾我的读书》，简直令人震惊。初中一年级和二年级，是他多读、泛读的时期，学校图书馆里的半数书籍都被他读完了。此外，作家佐藤优先生也在《阅读的技法》一书中写道，自己在初中的三年时间里读了八百本书，升入高中后便开始阅读哲学类书籍。

与这些知识巨人的读书履历相比，我以前完全是个"劣等生"。

然而，我现在每年都能轻松阅读三百本书。若连杂志也算在内，阅读量就更大了。

我这个劣等生，是从什么时候、以什么契机、用什么方法养成读书习惯的呢？回溯过往的记忆，我想到了一个契机。那是一份印在B4纸上的"读书清单"，是由补习学校的世界史老师制作的。那位老师在最后一堂课上把它发给学生，希望学生们考入大学后务必照单阅读[2]。

我高中时期的朋友S就是那位老师的学生，正是他把这份清单的复印件给了我。S是真正的读书家，精通现代国语。他爱玩橄榄球，体壮如熊，却总是单手拿着一本小小的文库版的书。

时光荏苒，到了我们二人都已定下报考哪所大学的时候，S突然给我打来电话。具体事由早已忘了，只记得他当时说："我得到了一份很棒的书单。上大学后就有时间了，你也按这单子读书吧！"

得自S的清单上，列着一长串"建议阅读的世界史相关书籍"的书名。倘若其中尽是些晦涩难懂的书，我恐怕当场就将其扔进垃圾箱了，但值得庆幸的是，其上所列的多是历史学"入门书"。

其中就有英国历史学家E.H.卡尔（E.H.Carr）的《历史是什么？》——这本书可以说改变了我的命运——和历史学家阿部谨也的《在自己的心里看历史》。而且，书单上还标注着"这两本书必读"的字样。

我当时无事可做，遂抱着上当受骗也无所谓的心态试着读了读，结果被彻底征服了。我真的深受感动。而且对于大学所教授的内容，我感到"存在某个崇高的世界"。

NOTE

注2："在高中学习世界文化史就像默记食谱一样。进入大学以后，要去品尝菜（书的内容）的味道！"这句话深深地鼓舞了我。

尤其是阿部先生的那部名作，不仅提出了"历史是什么"这一根源性的问题，还描述了一位历史学家的个人史，使我有生以来首次通过读书感受到了什么叫作"恍然大悟"。即使以现在的眼光来看，这两本书仍是令人感动敬佩的名著。**那是我第一次接触真正的杰作，并体会到了收获知识的喜悦。**

我们需要遇见这样的"座右书"。在我看来，这是无与伦比的读书原动力。就这样，在眼看即将步入大学的三月，我在京都的一所廉价小公寓里开始了自己真正的读书人生。这个起步真可谓姗姗来迟。

我与书的"命运般的邂逅"便是这两本名著，是它们改变了我。若非当初遇见它们，我甚至无法想象自己现在的模样。

读书技巧 06
"听现场"能降低读书的门槛

　　总之，我一直深深地迷恋着 E.H. 卡尔和阿部谨也。刚进入大学那会儿，还没开始正式上课，时间非常充裕，我便打算借机拜读二人的其他著作。

　　我先去了大学图书馆，请工作人员帮我打印出他们的作品清单，再按图索骥，把图书馆里他们二人的所有著作、论文和随笔统统找了出来。我早已兴奋难耐，感觉像是在探险。

　　身为劣等生，我起初只挑了些看起来易读的作品。在这个过程中我明白了一件事，那就是当时的我尚未具备读完 E.H. 卡尔所有作品的实力。于是我当机立断，开始将目标锁定在阿部谨也一人身上。

　　书单上有一部有趣的作品，是阿部谨也在日本放送协会（NHK）的"市民大学"节目上做讲座的《复苏的中世纪欧洲》的文本加视频套装。我当时喜出望外。因为**对于劣等生而言，用耳朵听比用眼睛看来得更轻松**（笑）。以这本书为契机，我才能突然通过视频接触到阿部史学的讲义。

　　此前通过《在自己的心里看历史》一书，我已对背景有所了解，所以这次必须抓住阿部史学思想的根基。

老实说，我起初还以为这本书会很难读，但通过视频听到作者本人的声音后，我在短时间内便一下子理解了要点。真的非常幸运。

基于这一经验，每次有感兴趣的作者开演讲会，我都必定参加。京都的大学数量众多，各路名人演讲会和研讨会五花八门。为了不错过这么好的机会，我当时简直就像在头顶安装了一个"收讯天线"。

正如听音乐最好听完现场演唱再买CD一样，听完现场演讲再去看书，就能迅速且轻松地把握内容了。建议不善读书的人试试这个方法。

当然，我也去听过阿部先生的现场演讲。其时恰值京都举办"平安京建都1200年"的纪念活动，"世界贤人会议"[3]在那里召开。其中一个研讨会上，因提出耗散结构理论而获得诺贝尔化学奖的比利时物理化学家伊利亚·普里高津（Ilya Prigogine）博士预定出席，且由阿部先生任主持人。我还记得，当时我和学生时代的一个朋友并排坐在现场的座位上。

NOTE

注3: 1994年于京都各地召开的研讨会。我记得有京都大学的冈田节人和研究人工智能的马文·明斯基（Marvin Minsky）出席。那些研讨会汇聚了当时全世界的聪明大脑，讨论了各种主题，极具启发性。

　　到这种程度，简直就跟追星差不多了。从那以后一发不可收拾，我一口气读完了阿部先生的所有著作。

读书技巧 07

追溯作者人脉，发掘知识的本质

作家远藤周作曾指出，**"读一个作家的书，就该先以全集的形式读完该作家的所有作品，包括日记和书信"**，这一点很重要。我读完阿部先生的所有著作后，终于明白了这句话的含义。

一天，S 突然给我打来电话，说他要来京都，想住在我家。几天后，S 背着一个硕大的背包出现了。打过招呼后，我顺便炫耀般地说："喂，那份书单上的阿部谨也已经被我征服了。"S 却说："你还在看阿部谨也啊。我先前在看史学家网野善彦的《无缘·公界·乐》，现在则是这个。"说着，他从包里掏出文化史学者大隅和雄的《愚管抄释读》。

呜呼。如此人的差距真叫人沮丧。

S 说："读完一个作家的所有作品固然重要，但那毕竟只是一家之言。要想找到普遍意义上切中本质的内容，就必须阅读很多作家的作品。所以，你接下来不妨试试网野善彦的书。"的确，网野善彦先生开创了独树一帜的日本史论，阿部先生的作品里就有对其的大量引用。原来如此。我从 S 那里学到了关注更本质事物（即使在完全不同的领域也能通用的根源性概念）

的重要性。

当晚，我一边同S喝酒，一边听他讲述自己的读书论。简而言之就是：**"每读一个作者，都要从其身上领会关键词，读过的作者多了，就能把握大量的关键词，从而发现多人共通的普遍性信息。这种发现即是'知的喜悦'。"**

现在回想起来，朋友S可谓是我了解读书方法和"知的喜悦"的契机。

几天后，S返回东京。自那以后，我们再未见过。我读书方面的老师，此刻正在哪里翻阅什么书呢？

读书技巧 08
从名人的薄书开始读起

文学家丸谷才一先生在《思考的课堂》一书中建议，"阅读伟大学者的薄书"。

无论再怎么薄，一本书终究还是一本书，何况是伟大学者的书，所以对于劣等生而言，读完之后自然会感到格外充实。我还记得，自己曾在看不懂的情况下，读完了理论物理学家汤川秀树先生的《眼睛看不见的东西》。

哪怕不是学者，而是传奇商人或文豪，也该从薄书开始读起。例如，阅读小说家芥川龙之介的作品，就不要贸然挑战长篇，而是最好从《侏儒的话》入手。该书每个主题下只有一句话，写着芥川的人生训条，很快就能读完。

尤其是**不善读书的人**，请记住"要尽量降低读书的门槛"。待彻底读完、读懂一本书后，再逐渐提高水准和难度。这样做能够维持读书的热情，使其成为开始阅读下一本书的诱因。

商业书籍亦然。若想深入了解经营，与其贸然挑战艰深的专业书籍，不如从文库版或新书版入手（译者注："文库"和"新书"均为日本书籍的版型。文库版通常为 A6 大小，新书版通常约为B6大小），比如本田创始人本田宗一郎的随笔集《我的想法》，或是索尼原会长出井伸之的《犹豫与决断》等。**先通过真实的商业案例体会教训，再验证作者是如何将其实现理论化、体系化的。这样一来，即便是看似很难的经营知识，也能被轻松理解。**

反之，如果直接去读那些完全理解不了的抽象理论，则会白白浪费时间，最终仍然糊里糊涂、不知所云。

读书时如果挑战某个初次接触的领域，请不要贸然去读超出自身能力的书。**应该尽量降低读书的门槛，待积累了足够的充实感，再尝试迈上下一级台阶。**就像登山一样，要逐渐提高目标。

读书技巧 09

参加读书会，了解他人的观点

你参加过读书会吗？我以前参加过作家美崎荣一郎在筑地举办的早餐会。早晨七点，大家聚集在东京筑地的寿司店里，边吃寿司边讨论书。而且书的作者也会到场，可以绕过桌子直接与其对话，非常刺激。

我本人也会举办读书会。我会事先阅读要讨论的书，然后跟大家分享我的读法，继而陈述我的观点，包括对书的解说等。接着，大家涌入酒馆，继续讨论。

读书会非常适合刚入门的读书者。理由有二。

一是能认识很多朋友，**听到各种各样的意见，所以能够让你从多个角度重新审视一本书**。人是很有趣的动物，读书时会牵涉自己的职业和人生。所以在读书会上关注一本书的同时，还能窥见各个参加者的人生。这是非常刺激的事。

二是因为，**参加讨论必然得先了解所要讨论的书，所以不得不被迫读书**（笑）。而且，参加读书会之所以有益，是因为能得到很多他人的观点，然后自己再去重读，就能发现不同于初读时的读法了。

　　独自一人阅读不擅长的书，是很辛苦的。知道还有其他同伴也在阅读的这种意识，可以帮助你增强读书的集中力。不擅长独自读书的人，只要遇见合适的主题，就应该积极参加读书会，多交书友。同伴的支持会成为读书的激励。

共计举办了四期的系列主题读书会的最后一期。第一期的主题是"品牌"，第二期是"读书"，第三期是"战略"。

读书技巧 10

"游牧读书"的建议——在家里读不进去的人不妨出门

出于兴趣的读书，最好躺在家里的床上或沙发上进行，那是最幸福的方式。然而，进行与产出直接相关（为了获取商务或随笔等的素材）的读书时，其形式与出于兴趣的读书自然有所不同。由于后者需要集中精力并力求掌握，所以比起轻松愉快的阅读，稍有紧张感的环境会更有帮助。例如，在电车或咖啡馆等众目睽睽的环境里，哪怕只有短短几分钟的时间，你也能带着紧张感阅读。

"家"是个诱惑多得惊人的环境。这里有电视，有游戏机，有孩子，有床。可以说诱惑无处不在。因为家本来就是为了获得轻松、舒适而创造出的环境，所以有那么多诱惑也是没办法的事。如果你希望至少稍微集中一丝精力读书，那么不妨狠下心"暂时离家出走"。

实际上，我就经常带两个女儿暂时离家出走。我会让大女儿和小女儿把作业装进书包，我则带上读书套件（参照"读书技巧50"）和笔记本电脑，去家附近的咖啡馆或家庭餐厅。如此一来，女儿们既因为能吃到甜点而乐于出门，又不会受到游戏机的诱惑，而且**身处众目睽睽的环境之下，反而能够集中精力做作业**。

我的妻子平日里24小时都得照顾孩子，特别劳累，所以我很乐意看到她能拥有哪怕一丁点儿属于自己的时间。可以说，这种"暂时离家出走"不仅能够确保我自己的读书时间，也能让家里所有人实现"三赢"。

在几个小时的时间里，我和女儿们会在咖啡馆里专注地读书或写作业，妻子则会在家里打扫卫生，洗好衣服，然后享受一点儿属于自己的悠闲时光。最近，在各家咖啡馆里到处游窜的"游牧读书"已变得屡见不鲜了。

对于有孩子的家庭而言，这是经商的父亲所必须掌握的技巧。尽管饮料费（或甜点费）的开销有所增多，但这种做法若能养成习惯，也有助于强化孩子的集中力，更重要的是能让家人摆脱压力，享受幸福。

读书技巧 11

开展全年读书活动

我们去超市购物时常会发现，无论啤酒还是糖果，所有商品都在举办促销宣传活动。例如在考试季充当护身符的"KitKat"巧克力。这几年一到考试季，"KitKat"就会大张旗鼓地展开宣传活动，向顾客反复灌输"KitKat=护身符"（KitKat的日文发音与"必胜"相同）的概念。这是一例非常著名的品牌推广活动。

这样的宣传手段不仅能够提升销售额，更能提升商品本身的价值，可谓效果显著。

因此，我也会试着将这种宣传手法用于读书。

例如，我的专职是营销策划，但我也会试着从有助于此项业务的周边领域寻找专题。

当前，我有两个感兴趣的对象，一个是心理学，另一个是数学。

关于心理学，我认为通过加深对心理学理论和分析方法的理解，有助于洞悉消费者行为背后的心理需求。数学则是在很多领域进行研究的必需知识——尤其是统计数据的分析，所以我想重新学习一番。

我家里摆放读书论相关书籍的书架。近百册以读书为主题的书纵横相连。通过2007年的读书活动，我阅览群书，尝试各种读书技巧，将可用的技巧归纳汇总，最终写成本书。

于是我下定决心，把今年的读书活动主题设定为"数学和心理学的学习"。重要的是，**要在全年里秉持一个"不动摇的中心"。**

我去书店时，因为已经有了明确的目的，所以会直接走向与这些主题有关的书架。我会在书店里捕获每个月需要研究的猎物，然后读懂它们。如此一年之后，主题的基础就会稳固下来，营销技能应该也能得到强化。

顺带一提，本书便是我在2007年一整年内进行"网罗日本主要读书术"这一活动的可喜成果。

读书技巧 12

给爱书排名

在我和朋友谈论书的过程中，经常出现"这本书是我今年读过的所有书里，能排进前三名的杰作""在你至今读过的书里，最令你感动的是哪本书"之类的对话。这无疑是在对读书履历进行排名，而排名就是以某书为基准，做出"好坏"的判断。

或许，**我们一直都在无意识中寻找那本超越"历代第一书"的书**。而这种隐秘的愿望，才是维持读书的原动力。

当你重新给自己至今读过的书排名时，你会做何选择？请先试着写出前十名吧。这个小技巧就算不能让你"再次体会那份感动"，应该也可以令你涌起迫不及待地读书的欲望。

以下是我基于自身的独断与偏见所挑选的前十名。

独断与偏见：我至今所读的书的前十名

第一名 阿部谨也《在自己的心里看历史》

第二名 三木成夫《胎儿的世界》

第三名 艾克曼《歌德谈话录》（上、中、下）

第四名 幸田文《父亲·这种事》

第五名 网野善彦《无缘·公界·乐》

第六名 鹤见良行《海参之眼》

第七名 佐藤雅彦《佐藤雅彦全工作》

第八名 三枝匡《战略专家》

第九名 中村尚司《众人的亚洲》

第十名 斋藤孝《找回身体感觉》

此外，请在书架的布局上花些心思。

每家书店都有排名区，分为综合排名、新书排名、商业书籍排名等，各自摆放着销量前十的书。我希望大家务必学习书店的展示方式。

进入排行榜的名作并不是书脊朝外塞在书架上的，而是露出封面平放着的。你目前正在读的书，也应该露出封面摆放。这种看似微不足道的助兴手段，会成为你拿起书的契机。请将自己的书架与书店的书架加以比较，构思有吸引力的展示。

读书技巧 13

总结：变成读书体质的窍门和习惯

第1章作为针对不善读书之人的入门篇，回顾了曾经不爱读书的我变成读书体质的过程，介绍了作为技巧的窍门和习惯。

成为读书体质的第一个关键，完全在于从好奇心出发。**对于挑起好奇心的事物，本书用"内在动机"一词来表述，而读书便是探求内在动机的一种手段**。这里是原点。请不要忘记。

此外，不善读书的人往往患有**"必须通读症"**。请高举"读者权利十条"，不要被书所囚，大胆地采用适合自己的读法吧。光是做到这一点，就能感到轻松。

然后，还必须具备尽量降低读书门槛的意识。可以从"听现场"开始。要有意识地去听作者的声音。仔细想来，所谓读书，便是接触作者的思想，了解作者，了解人类。为此，请先从薄书读起，就像登山一样，渐渐提升高度。

另外，将自己置身于有一定紧张感的环境中，略带强制性地迫使自己读书，也是使读书变为习惯的窍门。为此，可以不在家里读书，而是去咖啡馆读书，或者参加读书会，都很有效。此外，要养成确定主题后，再去书店买书的习惯。还应在书架的展示上花些心思，这样就能营造出吸引你取书一阅的环境。这一点对入门者非常重要。

以一些看似微不足道的小事为契机，就能一下子变成读书爱好者。正如梅棹忠夫先生所指出的，**请务必有意识地进行以"行动"为轴、蕴含"内在动机"的读书。以读书为汽油，定能使你的学习引擎发动起来。**

第 2 章

沉迷读书技巧

跟书谈恋爱与契机管理

读书技巧 14
通过维基百科阅读作者的轶事

不仅限于读书，**对于任何事而言，首先沉迷于该对象，都可称为"高明的开局"**。然而，做到沉迷是相当难的。几乎没有人会从一开始就对一件事抱有兴趣。尤其是铅字，一看就打怵的人难道不是有很多吗？的确，没有什么事能比阅读完全不感兴趣的厚书更痛苦。

那么，本章就专门针对沉迷读书的技巧做一番彻底的剖析。实际上，不善读书的人往往有着仅靠文字理解一切的强烈倾向，所以容易疲累。更何况原本就不感兴趣，所以集中力也无法长时间保持。

方才提到，高明的开局是沉迷于对象。如果对于原文本身不感兴趣，**不妨暂时脱离书本或资料本身，试着将感兴趣的对象换成作者本人**。例如，不贸然去读一本书，而是从探知作者的背景开始，比如尝试了解写出这篇文章的作者究竟是个什么样的人。

若能找到趣闻轶事，那就太好了。此时，以前完全不想看的书就会变成了解作者的线索，使你产生阅读的欲望。总而言之，就是**可以试着将感兴趣的对象从原文转移到人物、主题等周边事物上**，然后再从中一点点发掘兴趣。

这就是使完全不感兴趣的对象变成关注对象的"契机管理"基本形式。

我读书前，会先去维基百科输入作者的名字进行检索，浏览其履历和轶事。哲学家苏格拉底的事迹就很有趣。据维基百科记载，苏格拉底的妻子名叫赞西佩，是世界三大悍妇之一。看了苏格拉底与赞西佩的故事，我甚至很同情他，觉得他真的很可怜。例如，有这样一则过分的故事：

有一次，赞西佩喋喋不休地大骂苏格拉底，苏格拉底却不为所动，于是赞西佩就把一壶水浇到了苏格拉底的头上。苏格拉底却依然平静地说："雷鸣过后必落雨。"

据称，苏格拉底曾说过这样的话："蝉是幸福的，因为它的妻子不会说话。"

如何？（笑）倘若你身边有这样的人，你会作何想法？我是觉得，苏格拉底可能存在极度严重的受虐倾向。这样一想，我开始觉得苏格拉底的哲学或许是受虐哲学，于是便生出了很大的兴趣。

被赞西佩浇了一头水的苏格拉底。感觉好可怜！

通过这种手法调查商人，也会有很有趣的发现。在互联网上用维基百科找到你感兴趣的作者，大量阅读他们的轶事吧。例如，爱因斯坦是一个不爱笑的人，摄影师叫他"请笑一下"的时候遭到拒绝的画面，正是他那张著名的吐舌照片。像这样有趣的话题数不胜数。

检索松下电器创始人松下幸之助，能找到许多趣闻轶事。第一条记载是"东京台东区浅草寺内著名的雷门和大灯笼是由松下捐赠的"。真是信仰虔诚的一个人啊。偶然窥见这位大企业家出人意料的一面，对他的兴趣也就越来越大了。除此之外，还应该留意作者的人脉，因为人脉会对作者的思维和人格形成过程造成影响。

另外，如果还想进行更深入的了解，若对象是商人，建议去看《日本经济新闻》上连载的《德鲁克活在20世纪——我的履历书》。多亏看了这一作品，管理学大师彼得·德鲁克（Peter Drucker）给我的印象才不是死板的"经营之神"，而是"在伦敦皮卡迪利广场车站长长的自动扶梯上，与妻子多丽丝发生了戏剧性重逢的浪漫博士"[1]。至于通用电气董事长杰克·韦尔奇，给我留下的强烈印象则是"被强悍母亲养大的不服输的人"[2]。

看过这些可爱的场景或背景再去读书，比起在一无所知的情况下读书，二者对于书的喜爱度和持续性是截然不同的。

NOTE

注1：参照彼得·德鲁克的《德鲁克活在20世纪——我的履历书》

注2：参照杰克·韦尔奇的《杰克·韦尔奇——我的经营》（上、下）

读书技巧 15

先倾听作者的声音

第1章便已提过，有些人买书想来是以参加某作家或学者的研讨会或演讲会为契机的。正如前文所述，以音乐为例来考虑可能更容易理解。想必你一定有过这样的经历吧——对于一个完全陌生的歌手，只是偶然看了一场他的演唱会，然后就购买了他的CD。读书也一样。

我称之为**"现场的魔力"**。接触歌手或作家的原声，你们之间的距离就会骤然拉近，非常不可思议。声音承载着那个人的感情、性格、迄今积累起来的经验等信息。我们的传感器会敏感地感知这些信息，对其人做出判断和评价。

不仅要通过视觉追阅文字，而且要通过听觉倾听作者的声音，刺激自己的鼓膜——从全身心吸收对方观点的意义上讲，这种行为能够增强你与对方的联系。我们应该将这样的效应积极应用在读书上。

最近，视频网站"YouTube"上传了大量作者在出版社举办的宣传活动中，对自作书籍进行说明、演讲的视频。如果你有感兴趣的书或作者，请上YouTube检索，听听作者的"声音"，

YouTube上传了著名作家和学者的演讲。去把握作者的声音
感触和节奏吧。

从中感受其人格和人生观。如此一来，你的读书节奏当能有所
改变。

作家村上春树、东野圭吾和科学家茂木健一郎的节奏是各
不相同的。根据作者的声音感触及其独特的节奏来阅读文章，
比一无所知时的阅读更能增进理解，也更舒服。

先从声音入手，然后边重现作者形象，边读书。这也是沉
迷读书的一个技巧。

读书技巧 16

利用播客，耳听心记

前文介绍了先听作者声音再读书的技巧，这一手法的具体应用就是iTunes的播客。

播客有非常充实丰富的免费广播内容，名人对话、娱乐内容、免费教育内容如今正是其中最火的。

同样充实的是大学公开课应用"iTunes U"。在日本，以东京大学为首的15所大学在其上，上传了各自的课程作为免费内容。最近比较有趣的，是庆应义塾大学湘南藤泽校舍夏野刚教授的《互联网产业论》。作为特邀嘉宾出镜的麦当劳市场部部长宇井昭如先生和社交网站"Gree"的创始人田中良和先生分别关于"IT与市场营销""游戏风险"的发言，是平时难得一闻的关于真实市场的发言，极具启发性。

2013年6月3日的《朝日新闻》刊载了一篇题为《优质教育跨越国境——因网络免费讲座而拓展的世界》的报道，介绍了一名通过"edX"（大规模开放在线课堂平台）接受马萨诸塞工科大学免费讲座的蒙古高中生，成功考入马萨诸塞工科大学并获得奖学金的事迹。

可见，如今"想学习的人在任何地方都能学习"[3]。今后无论是读书方式还是学习方式，可能从一开始便不存在于书本上或学校里，而是存在于"线上"。

我们正是生活在这样的时代。

NOTE

注3: 在漫画家浦泽直树的漫画《MASTER基顿》中，尤里·斯科特教授在战火焚烧过后的荒原上对民众说:"人类在任何地方都能学习，只要还有求知的心。"如今，他的梦想已经变为现实。

读书技巧 17
书读累了不妨看看TED，激发"内在动机"

　　TED（technology entertainment design）大会是由著名信息架构师理查德·乌曼（Richard Wurman）发起的。该活动由每年一次在美国加州的蒙特利举办的演讲会发展而成，邀请学者、政治家、企业家、艺术家、设计师、电影导演等所有领域的知名人士，在18分钟的限定时间内进行"演示"。该活动也在日本NHK的E台上，以《超级演示》的名字播出，为大多数人所了解。

　　我建议，如果读书读得累了，不妨看看TED。**在热情陷入低潮的疲劳期，观看TED能够重启（reboot）"求知兴奋"。**其中的演示或许能成为新的"内在动机"。

　　况且，该节目还有全球畅销的商业书籍作家——例如因《引爆点》而闻名的马尔科姆·格拉德威尔（Malcolm Gladwell）、《高概念》《动机3.0》的作者丹尼尔·平克（Daniel Pink）——登场，所以也是了解他们的人格和人生观的绝佳契机。

　　TED是关于演示、表达的世界顶尖数据库。尽管大部分都是英语演示，但其中重要的演讲，也有很多视频是配有翻译的，非常善解人意。

　　看过TED就会发现，做演示除了内容，还需要一些幽默感，以及活用幻灯片的娱乐性。每次观看都能受到启发。

读书技巧 18
通过互联网与作者对话，"力争做第一读者"

在读书的持续性这一点上，我认为最好的技巧是与作者对话。仅此而已。

具体来说，**最近有许多著名作家开通了自己的博客，所以评论、转发其文章就是最便捷的方法。**

我第一次与作家有书信往来，是在念大学的时候。当时我的研究领域是非营利组织（NPO）和志愿者活动。有一次，我读完广播作家永六辅先生关于志愿者的随笔后，狂妄自大地把读后感和自己对志愿者的认识寄给了出版社，然后便收到了永先生亲笔书写的明信片。我还记得自己当时特别感动。

随着互联网的普及，我踏入社会后，常与杉并区立和田中学原校长藤原和博在网络上交流。当时，藤原是Recruit公司赫赫有名的"超级员工"，而我之所以对他产生兴趣，缘起于非营利组织"构想日本"主办的"J·I论坛"。我被他高明的言论所吸引，后来就大量阅读了他的作品。

藤原开通了名为"世间net"的主页，上面有一个叫作"世间论坛"的沙龙空间，任何人都能发言。我决定"先要成为藤

藤原和博的个人主页"世间net"里的内容非常丰富。

原的第一读者",便在空间里发了言。藤原回复了我。我很开心，以后每次新刊出来，我都会最先阅读，然后发表评论。

现在我自己也出书了，并通过Facebook与读者们交流，得知了很多人的感想。身为作者，我特别开心，对这些评论必定都一一回复。尤其是与商业类作者之间的交流非常简单，门槛并不太高。

如果你认为我在说谎，请务必让我知道你的感想[4]（笑）。

这样的喜悦也能激发读书热情。它会让你上瘾。

NOTE

注4：您若在我的Facebook主页上留下意见或感想，我会给您发送"答谢消息"。

读书技巧 19
事先把握作者的读书履历和人际关系

前面列举了几种不单依赖书中原文，而是通过对作者本人产生兴趣，从而增强对书的关注度的方法。然而，最能体现作者"为人"的工具绝不能忘，那就是博客、Facebook、Twitter。

这些社交媒体才是窥视作者本人当前心境和本性的最佳工具。

目前在商业领域表现活跃的众多畅销作家，几乎所有人都在使用社交媒体，所以我在读书之前，一定会查看作者在社交媒体上发表的信息。因为**若能从中看出作者的读书履历和人脉，阅读其文章时的理解度就会变得全然不同。**

第一个着眼点在于书评。需要注意的是，一个作家如果过于出名，他所写的书评里可能会出现应酬之作，但其他较为纯粹的书评的对象，在很大概率上必然是对作者影响很大的书。如果将其视为作者的"思维片段"，就能加速理解。因此，从**了解作者受过谁的影响、正在以什么方式阅读什么书**的意义上讲，我们应该留意阅读书评部分。

　　另一个着眼点，是要注意与作者的人际交往有关的日记内容[5]。这是了解对方基本信息的途径，**也是探知作者思维和人格形成的线索**。

　　书，如同自作者的人生经验中凝结并滑落的水滴。因此，事先把握作者的读书履历和人际关系可谓至关重要。

　　自古以来，读书便有"揣摩字里行间"的说法。也就是说，光读文字本身是不行的。以我的经验，只有对上文所述的作者本人的出身、生活哲学、所受影响的书籍或人物有所了解，才能把握住字里行间渗透出来的质感。

　　正因如此，读书前先关注作者，才称得上是从根本上激发读书欲望的技巧。

NOTE

注5: 人类的思维形成，不仅是由父母的基因（DNA）决定的，还会在很大程度上受到同伴的模因（meme）影响。

读书技巧 20
提前通过采访报道获知大概"结论"

报纸上的新闻都有"标题"。标题好比压缩内容所得的精华，即相当于结论概要。事先记住标题再去阅读，就不用从文章中刻意寻找关键词和结论了。**标题就是关键词。它是加速理解报纸内部隐藏信息的装置。**

这种方法可应用于忙碌时期的读书。

具体做法很简单，就是针对想读的书，**通过报纸、杂志、互联网等浏览其作者的采访报道，事先把握关键词。**这种方法尤其适合忙碌的商务人士，先简单抓住书的精华，再对照关键词去阅读。

需要注意的是，绝不要把亚马逊等网站上的书评当作答案。因为那些书评是由读者主导的，对于作者的信息和结论所做的评价未必准确。

读者是出于自身的需求或目的而去读书的，容易按照自己的意愿做出解释。因此使用这个技巧时，一定要遵循"倾听作者本人声音"的原则。

读书技巧 21

去实地前禁止读书

我上大学时，曾用整整两天的时间，从京都高濑川的起点到终点，进行实地考察。

想必很多人都知道，高濑川并不是真的"川"，而是日本第一条真正意义上的"人工运河"。江户初期，富商角仓了以任前线指挥，领导开凿了这条用于将大坂的物资运至京都的运河。

运河的起点是高濑川二条苑——这里原本是角仓了以的宅邸所在——由此沿木屋町街笔直抵达五条附近，而后蜿蜒流至七条一带。

穿过因摇篮曲而闻名的竹田，自坂本龙马之妻阿龙工作过的寺田屋前面流过，最后连通淀川。

进行这次实地考察之前，我第一次翻开了森鸥外的小说《高濑舟》。根据高濑舟的由来记载，角仓了以于庆长17年（1612年）开凿的高濑川，最初的起止是从二条到五条。我还记得自己当时在五条一带细细漫步了好长时间。

在龙谷大学社会科学研究所主办的民际学研究会上，我讲完自己的这番经历后，得到了龙谷大学教授田中宏先生的建议，

初夏的高瀬川。以前是用高瀬舟将货物运至市中心的运河。

"进行实地（现场）考察之前，最好不要读书。**如果去实地前读了书，在现场就会下意识地验证书中内容，因而无暇去发现研究素材和问题**"。确实如此。不可否认，我当初的实地考察就成了对《高瀬舟》的现场验证。

"仅仅为了证实他人意见的实地考察是最无聊的。"

从那以后，我去实地前就几乎不再看书了，而是会对自己在现场感到好奇的事物进行总结，然后再通过读书释疑。

用实地的疑惑去撬开书本，才是真正具有独创性的假设检验。

读书技巧 22
阅读网络书评"千夜千册"选拔的书籍

让我担任编辑术代理教师的ISIS编辑学校校长松冈正刚先生的办公室，被超过六万册的书籍塞得满满当当。松冈先生从这座书山之中挑选出佳作，以书评的形式发表在网络上，便是"松冈正刚的千夜千册"。

截至2013年8月23日，该系列的书评已经超过千册，达到了1517册，而且仍在持续更新。

之所以推荐"千夜千册"，是因为这些书已经过松冈先生的严选过滤，几乎不会出现鱼目混珠的情况。并且，书评还对作者的背景做了极为详细的介绍（例如，**松冈先生本人与他人之间的轶事极少流传在外，很值得一看**），因此阅读这些书评与上维基百科阅读趣闻轶事一样，都有可能成为沉迷读书的契机。

更何况，松冈先生的思想贯穿古今东西，纵横无尽，书评里埋藏着出于其独特视角、指向各类好书的超链接，读者往往能从意想不到的领域找到与自己的主题或课题相对应的书。这也是其书评的一大特征。在无意中发现这种偶然关系的同时，读者还能触及文中洋溢而出的松冈先生那熠熠生辉的思想，并收获可供参考的视角。这可以说是其书评的另一个特征。

　　某个代理教师甚至购买了"千夜千册"挑选出的所有书籍，在家里建了一个千夜千册专题书架，可见这个网络选评的魅力之大。我当初任代理教师的时候，每天下班之前，都会在公司上网查看"千夜千册"，然后在路上去书店买书，坐在回家的电车里迅速读完。这种近似修行般的读书持续了好几年。

　　有一次，我突然意识到自己的阅读速度已经达到相当快的程度，于是切实体会到了"坚持就是力量"这句话的含义。

"千夜千册"里充满了古今东西的文化书籍。

读书技巧 23

通过"刷牙读书"分散畏惧意识

至此所介绍的"沉迷读书的技巧",并不是直接读书,而是先将兴趣转移到周边,待体会到足够的乐趣以后再进入正题,即所谓的"绕道读书术"。换言之,只要试着将此前被书中原文所束缚的单一入口稍微换个方向,就能使入门者更轻松地跨过门槛,并且走得更远。

然而还有一种方法,就是营造能使我们自身沉迷读书的环境。契机管理也可视为专注管理。这是因为,若能管理好专注的自己,就能加快沉迷于读书的速度。

下面介绍一个有趣的方法。

就是边刷牙,边读书。

这个方法借鉴自我妻子一直以来的读书习惯,就是在晚上睡前刷牙的时候,边读书边刷牙。

据妻子本人讲,刷牙能够刺激口腔,而且通过"刷拉刷拉"的声音和有规律的动作,可以自主掌控节奏,所以容易集中注意力。于是我也试了一下,效果好得出奇!

这个刷牙读书技巧,尤其适合入门者。这是因为,**集中精力做自己不擅长或不情愿的事情时,若能通过其他事情分散畏**

惧意识，痛苦就会减半。

集中全部精力进行自己不擅长的阅读时，会感到很痛苦，身体会产生抗拒反应（比如犯困）。然而，通过刷牙使这种意识分散掉一半，就能使身体的抗拒反应也随之减半。

而且，嘴里叼着牙刷，过几分钟口腔里就会充满唾液，完全无法张口说话。孩子们看见了会想："就算我和你说话，你也没法张口回答，所以还是不说了。"对于希望保持专注的一方而言，这自然正中下怀。更何况，读书和刷牙都是对身体有益的事，没有理由不去做。这样一来，就能在半小时内保持专注了。

我读过很多人的读书术书籍，发现其中一个人有同样的习惯。那个人就是作家永江朗。在永江先生的《难为情的读书》一书中，便提到了刷牙读书的秘诀——"要只蘸极少的一点点

Weltec公司的"ConCool凝胶涂层F"不含起泡剂和研磨剂，最适合刷牙读书。

牙膏，另外还要闭嘴刷牙"。没错。试一下就知道了，市售的牙膏泡沫过于丰富，刷不了一会儿就会想张嘴吐掉。

出于这一点，我喜欢用的牙膏是由Weltec公司出品的"ConCool凝胶涂层F"。该牙膏呈滑溜溜的液状，在口腔内不起泡也不含研磨剂，对口腔刺激小，所以很适合刷牙读书。

作为扩展应用，使用漱口水"咕噜咕噜"读书也不错。

读书技巧 24
使进入专注状态的"仪式"模式化

在当前的商业环境中，正在进行的业务经常会被手机来电或短信打断，难以进入专注状态。对于这样的环境，你不觉得烦躁吗？正因如此，许多人才希望养成能在工作时瞬间进入专注状态的习惯。

读书也一样。要是能在翻开书的瞬间就进入专注状态，那该多棒啊。

我以前听过漫画家浦泽直树与脑科学家茂木健一郎的对话[6]。浦泽先生说，他在画漫画的草图（分镜草稿）时，能在瞬间切换到专注模式[7]；茂木先生也表示，他在已上传至自己的博客"感质日记"的演讲中，在打开笔记本电脑的一瞬间，就能切换至

NOTE

注6：浦泽直树、茂木健一郎《对话录——漫画之神在何处》朝日文化中心
　　（2007年6月1日）。

注7：浦泽先生在对话中十分肯定地表示，他能在瞬间进入专注状态。据说
　　关键在于有截稿期限（时间压力）。

工作模式。

我很羡慕他们。专注技巧的开发，是现代人面临的一大课题。

专注技巧之一是"举行仪式"。或许也可称为**一种"自我暗示的模式化"**。

我在前作《整理的艺术3》中也曾说过，"唱主题歌"或"擦鞋"等技巧，便相当于这一种仪式。希望集中精神的时候，一些自我暗示的仪式至关重要。

此外，以前在NHK的节目《专家的工作做派》（2008年1月2日播出）中，棒球运动员铃木一朗亦曾表示，**总是在同一时间淡然地完成训练项目，在比赛中就能自然而然地进入专注状态**。在我看来，这也是一种"通过仪式进入专注状态"的模式技巧。

最近，我每周都会乘新干线去京都，所以会在每个区间段做不同的事。

具体模式就是，从东京站到新横滨站吃午饭，从新横滨站到名古屋站写稿子，从名古屋站到京都站读书。这个模式固定下来，乘坐新干线的时间就成了专注时间。

读书技巧 25
总结：两种"契机管理"

本章集中介绍了"沉迷读书的技巧＝契机管理"。契机管理有两种，**一种是"绕道读书"，即不直接阅读原文，而是先向周边寻找感兴趣的对象，然后再进入原文。**

这种方法的有趣之处在于某种主宾逆转。

不善读书的人，往往存在对书过于崇拜、距离保持过远的倾向。但实际上，书只不过是展示作者思想的一种媒体和手段。只要有意识地从作者本人身上找到感兴趣的地方，就能切换到"读书是深入了解作者的手段"这一认识上。这种手段与目的的逆转，能够加深沉迷于读书的程度。

另一种契机管理可称为"掌握很多通过五感技巧进入专注状态的开关，尽最大可能提高进入专注状态的概率"。这种方法不仅限于读书，对于专注状态易被打断的商业环境而言，也是不可或缺的。

关于时间感觉，有"伊恩（Aeon）时间"和"柯罗诺斯（Chronos）时间"两个概念。在专业术语中，精神集中的时间感觉（某种时间停止的感觉）被称为"伊恩时间"，能用钟表测量的客观的物理时间则被称为柯罗诺斯时间[8]。

我们所生活的客观时间，是由柯罗诺斯时间支配着的，所以每个人都会陷入24小时奋战的错觉，但在发生某种创新或诞生创造性异物的时候，流经创造者身体里的时间感觉，从古至今始终都是伊恩时间。

因此，只要用这种时间概念重新理解技巧，就能将之分别转换为柯罗诺斯性质的时间效率窍门和伊恩性质的进入专注状态窍门。

我们应该通过绕道读书，事先设置若干个读书入口，并手持专注开关，沉浸在伊恩时间里。这就是"契机管理"的骨架，是现代人必须面对的课题。

NOTE

注8: 参照茂木健一郎《艺术脑》。

第 3 章

读书环境技巧

求知兴奋 × 环境设定 × 实体书店的刺激

读书技巧 26
打造家庭图书馆

据说，因《知性生活的方法》一书而闻名的渡部升一先生，在自海外留学归来的两年间，一直以值宿员的身份住在图书馆的员工房间里。他很有怀古情趣，在图书馆里打开立体声录音机，播放贝多芬的乐曲，使雄壮的音乐笼罩整个大厅。

像这样生活在图书馆里，是我长年以来的梦想。

家电领域有个概念叫"家庭影院"。如果说该概念是"在家里建造电影院"，那么我的理想便是拥有"家庭图书馆"，**也就是"在家里建造图书馆"。被书包围，听着音乐，悠然自得地喝着咖啡**。还有书桌、电脑和工作。在这样的空间里生活，是我的梦想。

有梦想就有行动。我家房子新建时，我跟建筑师商量，并按照"有图书室的家"的概念完成了建造。在那个空间里，我能和女儿们并排坐着读书。书架上特意安装了移动式玻璃板，可以在上面涂鸦或计算。另外，由于在阪神大地震的时候，发生过很危险的事——所有书都从书架上掉了下来——所以我把书架牢牢地固定住了，就算是地震也不会倒塌。之后，东日本大地震发生时，我还担心家里不知会变成什么模样，结果安然无恙，书一本也没掉下来。

第一步不妨从小事做起，**先买个书架和沙发，在家里打造一个图书角**。如果打造家庭影院，得花费数十万到一百万日元，而购买宜家家居的书架和沙发，只要十万日元的预算就够了。

若能确保自己的读书基地，拥有舒适惬意的读书环境，就会在不经意间攒起一大堆书。书若放不下了，想法就会进一步升级，果断地将图书角变成图书室。慢慢执行"家庭图书馆计划"，房屋本身就会变成舒适的知性空间。

不管做什么，先整顿环境都是第一要务。若能以此为契机坚持读书，锻炼读书技巧的资质，那就再好不过了。

拥有摆放着2000册书籍的书架和配套学习书桌的自家图书室。

读书技巧 27

利用无印良品的小物件，将餐厅变成书房

从信息的角度考虑，读书行为属于"投入"。阅读小说类书籍时，投入本身便是乐趣所在，而更多的时候，投入是与"产出"相关的。阅读商业书籍，既可能是为了开创新事业，也可能是为了寻找改善日常业务的灵感。若是学生，目的可能是寻找写毕业论文，或者写博客的素材。

如此想来，**读书其实是与我们的行动（产出）紧密相关的，并不能只考虑阅读环境。因此，本章所要探究的主题是"投入与产出兼得的环境是什么样的"。**

首先，我们来考虑投入和产出的基地——"书房"。

能建书房当然最好，但实际上很难，而无论是租房还是自家房子，餐厅是少不了的，所以很多人会把餐厅改造成书房。

书房的关键，主要在于椅子的稳定感和大书桌。即使久坐也不会对身体造成太大负担，并且必要物品触手可及的环境，是比较理想的。一般来说，家里最大的桌子就是餐桌，所以可以围绕餐桌进行补充。**餐桌附近可以摆放书柜。**最好能在桌下配置可移动的隐藏式小书柜。此外，附近若有电源给笔记本电

餐桌下面摆放隐藏式书柜，立刻就能把餐厅变成书房。

使用慢回弹腰垫保护身体。

脑供电，再配备电源延长线，就能持续工作了。

另外，椅子是需要彻底花心思的。我就曾因长期坐在桌前工作的缘故，患上了腰椎间盘突出。尽管现在已经痊愈，但病情较重时，连脚尖都会麻痹。生病以后，才真正意识到了椅子的重要性。我不希望你也遭受像我一样的痛苦。

基于人体工程学设计的椅子，价格很便宜。为了尽可能减轻对身体的负担，应该使用慢回弹腰垫和弹性坐垫。**椭圆形的**

慢回弹腰垫能够保护腰部和背部，弹性坐垫能够减轻坐骨的负担，使久坐在桌前工作成为可能。

我家有很多无印良品的产品。无印良品的聚氨酯泡沫慢回弹腰垫，功效显著且价格实惠，腰垫和坐垫加在一起也才不到5000日元。有了这两个垫子，工作就能变得相当舒服。

读书技巧 28

利用"书脉"，使自己的思维体现在书架上

我曾在编辑工学研究所主办的编辑学校任代课教师，并多次造访过该研究所。那里最精华之处就是不可思议的书架，真可谓百看不厌。

秘密在于"摆法"。

假设有一本书 A，在它两侧摆放的是与 A 的主题有关的书。按照这个规律摆放，**书就会连成一串，形成类似"文脉"的"书脉"**。

通常，书架上的书籍会依照尺寸摆放，比如新书版书架、文库版书架等。然而，书脉是按主题串连形成的，与书的大小、厚薄无关。

依照书脉的形式摆放，在产出阶段会很方便。以工作为例，当你想一边参考市场调研相关书籍，一边工作的时候，由于想读的书是连在一起的，所以只要迅速找到该主题所在的书脉，问题就解决了，不需要特意一本本查找。

把书架上的书摆成书脉，你不想试一下吗？**如此布局的书架，定能体现你的思维架构。**

读书技巧 29

利用网站"Booklog"，在云端创建自己的书架

上学时没钱，教科书又不得不买，所以想要的书就只能忍住不买。这种情况想必大家都很清楚。因此，我上大学时也经常利用学校的图书馆，在考试前去借阅习题集，可是有好多次想借的书都已经被别人借走了。

向图书馆借书有个显而易见的问题，那就是必须归还。一旦读完，信息就会从自己的手里消失。但如今，我们可以在互联网上找到自己读过的书所留下的痕迹了。也就是说，**现在从图书馆借书读完之后，我们可以利用一种服务，将暂留在思维中的信息以可视化的形式存储在网络上，而且还能标注重点。**

这种服务的例子之一便是管理类网站"Booklog"。利用该网站，我们可以扫描书的封面，**在网络上重现自己的书架**。而且还能给书评定星级或写下评论，这样以后重读时也很方便。另外，它还提供了多种排序方式，如果按照"推荐顺序"排序，就能重现自己的"读书排行榜"。

同时，若能将自己的意见、创意、重要部分的摘要记录下来，待以后进行业务建设、论文研究、制作企划书等某种形式的产出时，先前记录的笔记就会迅速变成有效且便利的数据库。

此外，类似服务还有"Mediamarker"。利用该网站可登记CD、DVD、游戏或杂志，对信息媒体进行统一管理。还有"Bookmeter"，**也能以图表的形式管理读书量，是非常简明易懂**的网络管理服务。

"Booklog"的书架视图，显示封面比显示书脊更加美观。在网络上创建自己的书架，保存读书信息，将对以后的产出提供极大帮助。还可以利用"Booklog"创建属于自己的数据库。

读书技巧 30
搬到大学或图书馆附近居住

　　然而，也有人表示"家里不大，没地方作书房"。这些人不妨稍微变通一下思路，不要想着在家的内部安排工作或静读的空间，而应设法实现"外部化"。也就是说，**不妨下定决心搬到图书馆附近居住，除了真正必需的书，其他想读的书均可向图书馆借阅**[1]。

　　配合现住房屋的租赁合同，委托房地产中介寻找图书馆附近的房子，也是不错的选择。对于年轻的商务人士而言，这个方法有很多优点，既确保了知性空间，又能减轻书房或读书空间所带来的开销负担，使你有余力在兴趣爱好等其他领域做投资。

　　首先，哪怕是规模再小的市立图书馆、区立图书馆，其藏

NOTE

注1: 大学图书馆是一个少有人能想到利用的好去处。尤其是国立大学，有很多对外开放的图书馆。在网络上也能找到"市民可利用的大学图书馆一览"，值得参考。

书量也无疑多过自家的书架，所以去图书馆必然能接触到更多的知识信息。其次，**图书馆的报刊杂志都会定期更新，这也能减轻个人购买信息的费用负担。**

此外，最好事先调查图书馆的周边环境。我看房子时，需要检查的要点有：①附近要有几家咖啡馆；②离车站近，方便下班回家时顺路过去；③绿化好。

生活在这样的环境里，度过周末的场景不难想象：早晨按平日的上班时间出门，在图书馆附近的咖啡馆吃完早餐，单手拿着笔记本电脑走向图书馆。在满眼绿意的空间里尽情呼吸新鲜空气，读书直到中午，若有工作没做完就迅速完成。下午与朋友在车站碰面，去市中心看电影或购物。

总而言之，就是要享受不得不读书的环境，要建立时间轴，养成习惯。在图书馆里读书时，如果看见可供参考的观点或有趣的文章，应该用笔记本电脑记录下来。如此积累的信息，说不定就能活用于新的工作企划。

读书技巧 31
不要被亚马逊网站的用户评论所迷惑

下面讲讲我的失败经历。

二十多岁时，我把没时间当作借口，想要的书几乎都是通过亚马逊购买的，却经常买到不满意的书。尽管我会在购买前仔细阅读目录，还会去看用户评论（书评），却仍接连失败。买到喜欢书籍的比率，大概只有三成。这些失败曾使我的读书热情遭到了沉重的打击。

为什么总是失败呢？从结论来讲，**我无疑是被那些语出惊人的用户评论吸引住了，于是买了其实并不必要的书。**

读者一不小心就会因亚马逊等网站的用户评论而吃大亏。用户评论大体上可分为两种，一种是"能够看出评论者在有意吸收作者想表达的信息，在此基础之上做出评价"，另一种是"拘泥于自己的想法，不是彻底批判，就是强烈赞同"。其中，甚至有人在书上市之前就大肆批评。

值得关注的用户评论自然是前者。**针对作者意见而给出的积极、冷静的评论，才有助于你在购书时做出正确的判断。**与之相反，后者大多只是基于自己的好恶，写下言辞激烈的惊人之语，所以对于自己喜欢的作者的书，他们会抱着极力维护的态度。如果被这些评论吸引，就会买下原本不必买的书。若是认识不到这一点，恐怕就会像二十多岁时的我一样，花钱打水漂。

评论者的意见并不重要，重要的是能否意识到自己所面临的问题，并尽力寻找相应对策的线索。基于外部评价的购物系统既有优点也有缺点，像这样被他人的好恶所控制而不辨方向的情况也很常见。利用这样的购物系统时，如果对此毫无自觉，买到喜欢书籍的比率必然会降低。

用宝贵的零花钱买书时，关键就是尽量不要受到外界意见或诱惑的控制。为此，你**需要认清自己读书的目的，亲自去书店，亲眼确认书的目录，然后再购买**。显而易见，这是提高"有效购买书籍率"的根本所在。

读书技巧 32

在兴趣相投的书店里，有"美好的邂逅"等着你

亲自去书店逛逛就会发现，还是书在眼前触手可及的感觉更加有趣。最近，都市里出现了不少个性十足的书店，甚至令人忘记了时间的流逝。

以前，在东京的丸善丸之内总店，由松冈正刚先生经营的松丸总店曾大放异彩。这里再现了前文介绍的松冈先生的书脉，古典与新刊交杂，一眼就能发现自己想找的主题。遗憾的是，这家店于 2012 年 9 月关闭了。但在知识巨人的策划下所呈现的书籍，曾是那样魅力四射。

我最近常去的书店，是位于下北泽的 B&B。这里很会选书，颇对我的胃口，于是我便成了常客。之所以说是兴趣相投的书店，是因为我觉得自己与店主的观念所差无几，并且神奇的是，我**每次来这里都能遇见"偶得的珍品"或"早前遗珠般的书"**。亦即是说，我在这里容易同书发生偶然的、命运般的邂逅。请你也务必找到与自己兴趣相投的书店。

与我兴趣非常相投的下北泽的B&B。活动也很丰富。

京都也有一家与我兴趣相投的书店，就是惠文社一乘店。这里是"与书相关的种种物件的复合精品店"。店内格局洋溢着浓郁的复古氛围，就像令人瞬间不知自己身在何处的异空间一样。这里还有音乐和艺术类商品，我很喜欢。

读书技巧 33
时刻在手机里暗藏"书单"

踏入书店，各种信息闯入眼帘，容易叫人忘记来意。倘若事先备好"书单"——相当于亚马逊上的"心愿单"——那就很方便了。

我的书单存在手机的备忘录里。名为书单，其实只是零散地记下了我所感兴趣的作者名、书名和研究领域，内容却并不详细。

《整理的艺术 3》里也曾介绍过活用手机备忘录的技巧。总是随身携带手机，将必要信息存入其中，十分方便。光是有了这个书单，就能极大地缩短找书的时间。

进入书店，先查看"书单"，寻找今天的"猎物"。如果实在没时间，也可以使用几乎所有大型书店均配备的"检索系统"，输入"猎物"的名称，先确认书架的位置，再直接找到"猎物"所在。若有时间，不妨慢慢寻找"猎物"可能存在的书架，享受找书的乐趣。实际上，这段寻找的时间才是最有趣的。

说回书单。惭愧的是，我最近都懒得在备忘录里打字了，而是**发现想买的书就直接保存图片**。例如，假设我正用手机在互联网上查阅信息，如果遇见了需要的参考文献，就会把图片保存下来，过后直接去书店购买。

关键在于，**要在手机里留下"这本书自己需不需要？好在意啊"的感觉片段**。这种直觉般的片段，会随着心情放缓而流失。不要让直觉流失，而要在瞬间将其保存下来，提醒自己记住。只要养成这个习惯，就能消除"令人焦躁难耐的时间"了。

读书技巧 34
参加大型书店的活动，保持"热情"充沛

　　书店每天都会举办作者活动。尤其是大型书店，经常举办各个知名作家的谈话活动，很有吸引力。经我验证的书店有四家，分别是丸善丸之内总店、淳久堂池袋总店、茑屋书店代官山T-SITE、下北泽B&B。

　　丸善丸之内总店在三楼一并设有日本经济新闻研讨室，经常举办商业作家的演讲会等活动；至于淳久堂池袋总店，则是作家和学者的活动比较多；茑屋书店代官山T-SITE不光有书，还有摄影家或电影导演的谈话会、艺术品展览会等涉猎广泛的活动，吸引了很多人；下北泽B&B是一家小型书店，但每天都会举办作者的谈话活动，可以喝着啤酒听演讲，氛围很棒。我以前也在这里举办过谈话活动。

　　活动详情可通过网站查看。当红作家的活动需要事先预约，所以有必要经常查看确认。

　　这些活动的好处在于，只要参加就能获得新的信息，而且若感兴趣，立刻就能把书买到手。**还能体会到现场实况所特有的兴奋感，使热情愈发高涨。**

莴屋书店代官山 T-SITE 的活动真的非常多样且富有魅力。

读书技巧 35
在书店附近有常去的休息场所

正所谓趁热打铁，读书亦然，得趁着"想读"的热情开始。如果下班路上顺道去趟书店，那么在回家的电车里就会开始读书。首先要做的，是踏进书的世界。

况且，人的意志实在薄弱。如果还没有养成读书的习惯，也可以在购书的同时，搭配甜品或咖啡。**若有可能，最好确保书店附近有咖啡馆。**

如果以前对这方面尚无关注，可在谷歌地图里输入"神保町 咖啡馆"等字样进行检索。检索结果会同视图一起显示在左侧，在此基础上就能逐渐了解熟悉了。"书"的享受，再加上"食"的享受，定能有助于培养快乐读书的习惯[2]。

而且，咖啡馆若能成为自己常去的地方，也是美事一桩。带着买来的各类书籍，坐在老位置上，稍作歇息后叫一杯美味

NOTE

注2：酒店休息室内的咖啡馆是少有人想到的好去处。既然是酒店，服务接待自然贴心有礼，椅子也是高档货，坐起来很舒服。

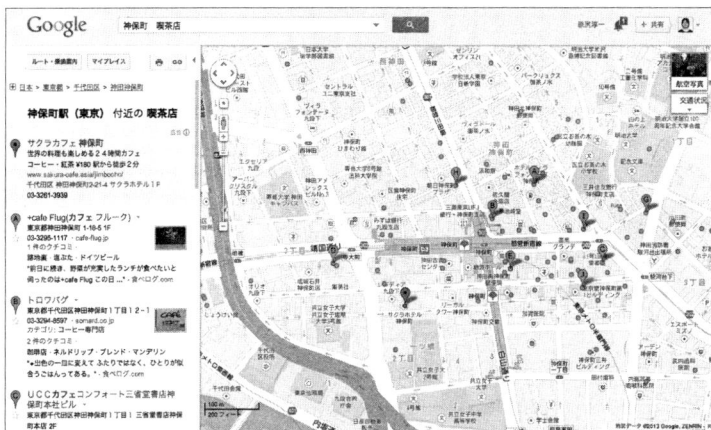

顺带一提，神田神保町有很多咖喱餐馆，据说是因为咖喱饭方便在读书的同时用单手吃。而安静的古典咖啡馆之所以多，则是因为这样的氛围是吸引读书爱好者的要素之一。

的咖啡，边读书边度过悠闲时光。若能对这样的状态上瘾，就可以说读书已经成了你的习惯。

较为现实的做法，还是应该在上下班、上下学的活动路线上有"常去的咖啡馆"。请在书店所在的地区内检索咖啡馆，确保有属于自己的休息场所吧。

读书技巧 36
在Facebook上创建"读书社群"

　　下面介绍一种活用社交媒体以维持读书热情的方法，那就是在Facebook上创建"读书社群"，接待为你介绍好书的前辈和爱书的友人，看对方的读后感及推荐的好书。若能每个月开一次网友见面会，大家肯定能在一起聊书聊得不亦乐乎。

　　创建社群相当考验群主的管理能力。在活跃的社群里，群主会提出"在你迄今读过的书里，最令你感动的是哪本书"或"请介绍你读过的基础性商业书籍"等绝妙的问题。在这些问题的引导下，会有越来越多的社群成员加入讨论，所有人都可以从中挑选自己感兴趣的书购买，然后再发表自己的感想。如此一来，自然就能增强社群内部的团结力。此外，**重点不在于仅仅通过社交媒体对话，而是找机会召集大家在线下聚会，喝酒聊天，这样也能促进社群的活跃度。**

　　像这样拥有经常联系的、在读书上相互激励的伙伴，最有助于维持读书热情。我也在读书会上，被伙伴们推荐了或值得学习或令人感动的新书，读书的机会从而重新变得多了起来。

换个角度来看，书也是连接自己与伙伴的桥梁和媒介。

同时，**请务必活用社交媒体，使其成为与伙伴分享感动的装置。**

读书技巧 37
总结：营造刺激环境与维持动力

本章介绍了"实现可持续的快乐读书的技巧"。毫不夸张地说，需要考虑的重点只有一个，就是如何激发读书的动力。就我所认识到的，只需要管理好三种刺激即可。

第一种是激发"求知兴奋"。**激发求知兴奋的窍门在于，要把知识信息的根源与自己直接联系起来。**

例如与作者直接对话。自互联网普及以来，这种方法的门槛已经相当低了。不是写书评，也不是和朋友讨论，而是作为第一读者，直接与作者对话——只要做到这一点，就能修正自己以前的错误认知。

另外，**还要拥有能通过读书互相激励、共同进步的伙伴。**这也是启动读书引擎的原动力。要在生活中设法激发这样的求知兴奋。这是实现可持续的快乐读书的窍门之一。

第二种是"促进读书的环境设定"。也就是说，要在生活中引入容易读书的环境或习惯。

如果说求知兴奋是可持续读书的主引擎，那么环境设定便承担着副引擎的作用。要关注读书的环境，意识到空间的可利用性，例如寻找可以常去的咖啡馆、把房间变成图书室等。打个比方，就是要把为读书而进行的环境整备当作一场"愉悦的演出"。

第三种是提高书店的利用率。在网上随便买书，往往会买到不称心的书，导致读书热情降低，这无疑是一种恶性循环。在我看来，要想维持读书热情，还是应该**参加实体书店的活动，在喜欢的书店之间游走，邂逅"偶得的珍品"，把这种"有缘千里来相会"所带来的喜悦感引入读书习惯当中。**这一点可谓至关重要。

以上内容总结如下：

愉快的读书生活是"求知兴奋 × 环境设定 × 实体书店的刺激"的三位一体，刺激读书欲望以实现持续性的读书。而且，这也有助于养成读书习惯，使你在无意识中变成读书爱好者。

只要在日常生活中潜移默化地引入先前介绍过的这些技巧，就能在无意识中变成"读书体质"。这就是"持续读书的秘诀"。

第 4 章

速读技巧

"假设"与"验证"的互相追逐

读书技巧 38
速读术的诀窍——"关键词发掘"和"假设验证型读书"

　　立花隆先生在《我的读书履历》一书中断言："掌握速读术吧。要想尽可能地在短时间内涉猎大量资料，非速读不能实现。"**正因为当今信息如此泛滥，所以从中迅速读取有效信息的技术不仅对商务人士有用，更是所有人都必须掌握的技能。**

　　本章将立足于阅读的基础，为大家介绍"速读的诀窍"，但不会涉及小说等故事类文章的速读，而主要以商业书籍、新书版书籍、社科系论文或随笔等作为对象。这是因为，小说通常很难与产出联系起来，而像商业书籍之类的实践性文章，任何人都能从中找到与自己的业务实践（若是学生，对象则为短随笔或论文）相关的线索。

　　先说结论，**速读的关键完全在于快速进行"关键词的发掘"和"假说验证型读书"**。首先对概要做简单说明。

　　先把着眼点放在"关键词的发掘"上。为了发掘关键词，需要仔细阅读目录。这一点很重要。通过目录，对关键词做到心中大致有数，然后构思假设，想象关键词所包含的意义。

接着，快速阅读文中关键词附近的内容，对假设进行验证。此时应该通过对比，分析自己的假设与作者的想法有何不同，同时做好笔记。此外，若有新的创意浮现，也不要犹豫，应立刻记录下来。不用特意准备记事本，直接写在书上即可。

这样一来，就能通过关键词验证假设，在读书的同时积累分析，并发现闪亮的创意。

现代人忙得没时间，所以放弃那种从头开始一丝不苟地阅读，边记笔记边吸收的做法吧。**速读的灵魂便在于快速、多次阅读关键词附近的内容，以及获得新的视角和创意。**

每天阅读一本与自己的业务有关的书，从中吸取前人的经验教训，并在每天的业务中进行验证——只要坚持这个过程，总有一天，知识会从点变成线，再由线变成面，继而从面变成立体，不经意间，已成为你自己的"成功因果律"。

下面就来看看速读技巧的具体内容吧。

读书技巧 39

通过目录读书把握结构，预测内容

　　速读术的关键在于"对关键词做到心中大致有数，快速、多次阅读关键词附近的内容"。有人会说"没时间多次阅读"，但其实并不需要花太多时间，一本新书版的书大概只需要一个小时，就能读完。

　　具体怎样阅读呢？下面按顺序来说明。

　　①首先进行的是"目录读书"。**所谓目录读书，是指仔细阅读目录，选定自己该看的章节。**在这个步骤中，要寻找"关键词"，预判自己应该着重阅读哪些部分。更关键的是，要把自己当成作者，具体想象自己会写什么内容。

　　②然后根据目录，对特定章节进行"跳读"。在快速翻看的过程中，**应该在"这里必须读"的位置贴上便利贴作为标记，便于过后仔细阅读。**若是商业书籍，作者通常会在想要强调的部分使用"粗体字"，以其作为标志，使阅读速度变得更快。这一步也可说是通过追寻关键词，迅速把握书的整体感。这个步骤大概需要15分钟即可完成。

　　③**仔细阅读便利贴的前后部分。**将阅读目录后所想象的假

设与正文内容对照，找出"差异"。这时，可以**把自己仔细阅读后的意见、新的假设，或创意写在书页的空白处**。这些内容将是实现自己原创产出的重要信息。

大体上，速读就是快速推进这三个步骤。

尽管看似麻烦，但于我而言，这是最快的读法。这种速读法是我自成一家的发明，但所有速读术的相关书籍都会强调，速读术的关键在于"快速、多次阅读"[1]。简单来说，所谓速读术，就是事先对关键词有所意识，然后快速将正文里与关键词有关的部分填入意识的技术。这种方法与日本的义务教育所教授的做法——极有耐心地从头开始阅读毫无头绪的书——是完全不同的。

怀有问题意识找到线索后，在其带动下进行快速、多次阅读。 打个比方，就像先在坑里打些桩子，有个立足之处，然后再一口气填砂埋坑。下面再稍微从学理的角度，从结构上分析读书技巧与速读的关系。

NOTE

注1：日本速读术研究第一人齐藤英治先生提倡"三段火箭式读书法"。第一阶段是"超速级"，以平均每页2~5秒的速度快速翻看。第二阶段是"理解级"，阅读第一阶段做标记的重要部分。第三阶段是"学习级"，进一步深入消化前两个阶段所标记的内容。由此可见，齐藤先生的速读法，是一种根据步骤改变速度的阅读方法。此外，因提出影像阅读（PhotoReading）而闻名的保罗·R.谢勒（Paul R. Scheele），其方法论更加体系化，效果出众。他断言，首先应该做的，是意识到读书的目的，接着通过预览，分析书的整体结构，查找关键词，然后进行三次被称为"影像阅读"的快速阅读。

读书技巧 40
速读的基本技巧和阶段论

　　下面再稍微从学术性角度来研究读书的技法。

　　首先，一般的读书方法分为"泛读"和"精读"两种。前者是尽可能收集大量信息，以粗略把握内容的方法；后者则是对要读的书进行精读，细致分析内容，是一种很花时间的读书方法。泛读又可分为"扫读"（scanning）和"略读"（skimming）[2]。

　　扫读又称"检索阅读"，是一种锁定目标信息进行检索的方法。就像通过黄页寻找店址一样。至于略读，简单来说就是"跳读"，即通过迅速翻阅，简单把握全书内容。这是一种略过次要内容，迅速抓取关键词的技巧。

　　这种教科书般的读书技巧经我进行结构化后，就成了我的速读法，如下图所示。其流程为：将前文所介绍的技巧分别安排在若干阶段，一开始无限制地锁定关键词，然后再仔细阅读。

NOTE

注2：参照对大学生学习法做出阐述的中泽务、森贵史、本村康哲编写的《知的领航员》

一般的阅读技法划分	速读的顺序

```
                                    扫读
                                  scanning        (1)
                                 （检索阅读）      目录读书
  泛读                                          （检索阅读位置）
extensive reading
（粗略把握内容的读法）                              (2)
                                    略读         跳读 + 做标记
                                  skimming     （检索应该仔细阅读
                                 （跳读）         的位置，做出标记）

  精读                                            (3)
intensive reading                              仔细阅读
（仔细把握内容的读法）                           （准确把握内容）


                                                (4)
                                              假设 / 创意
                                                做笔记
```

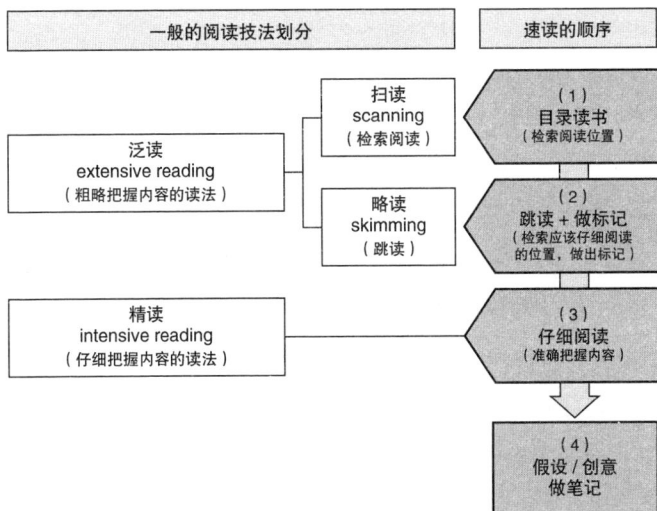

读书的技巧与速读的顺序。通过（1）~（4）的步骤，就能积累
书的关键词和精华部分。

也就是**运用泛读技巧检索关键词（扫读），通过目录假设正文内容，然后通过略读用便利贴做出标记，再运用精读技巧，仔细阅读标记附近的内容。**最后还有一步，就是要写下自己的假设和笔记。

读书技巧 41

任何人都能在一小时内读完商业书籍的
"黑体字读书法"

黑体字读书是阅读商业书籍时十分常用的一种略读技法。**大部分商业书籍都会在作者想要着重表达的位置用"黑体字"进行强调，所以根据黑体字这一标记**[3]**，就能轻松完成略读。**一开始，只需瞄准这些黑体字进行快速阅读。我所写的《整理的艺术3》，就在这方面下了功夫。总之，只需要阅读黑体字部分，就能大致掌握作者希望通过该书表达的东西。

尽管很简单，还是需要掌握诀窍的。

首先，迅速确认"标题"。标题里含有作者想表达的关键词。因此，可以通过标题大致猜测作者意图的关键词。然后，把目光移向"黑体字"部分。黑体字往往写着对标题进行说明的文章、理由或结论。也就是说，**"标题"和"黑体字部分"往往构成因果关系。**

NOTE

注3：快速阅读黑体字部分，用便利贴做出标记，然后进入仔细阅读的阶段，
　　　就能实现更迅速、更深入的阅读。这在阅读商业书籍时是完全可能的。

理解这种关系以后，再快速翻阅，按照"标题"→"黑体字"→"标题"→"黑体字"→"标题"→"黑体字"的顺序阅读。这样一来，再厚的书也能在15分钟内读完。

同时还须进行另一项作业，就是在觉得"真的很有用"的地方贴上便利贴，以免遗忘。过后再仔细重读，就能深刻理解作者的想法了。

使用这个方法，任何人都能在一个小时左右的时间内，读完一本商业书籍。这项读书术对于商业书籍格外有效。

读书技巧 42
用便利贴在重要位置做标记

　　读完目录，就该以某一章为目标进行跳读了，但我还会同时进行另一项作业，就是**用便利贴在感兴趣的位置做标记。我称之为"打桩"。**便利贴是指示由何处入手的标记，它的所在处，即是以后需要仔细阅读的地方。

　　这里所使用的便利贴，若赋予其不同的含义，那就最方便不过了。类似斋藤孝使用三色圆珠笔做区分一样，我用三色便利贴来区分功能。

　　①红色便利贴：作者有意强调的地方；并且定位为教训部分。

　　②蓝色便利贴：与自己的课题相对应的地方；并且是可用于自己业务的启发性部分。

　　③黄色便利贴：在词句表达上非常值得参考的地方；是自己写文章时应该学习、采纳的笔法和笔意。

　　事先赋予便利贴这些意义，再给书做标记，这样之后仔细阅读时，就会很有效率。能够一边重新确认所留记号的含义，一边进行仔细阅读。

　　在仔细阅读的阶段，应该手持彩色圆珠笔，**在仔细阅读便**

利贴前后内容的同时，把自己的所思所想和业务上的假设直接写在书上。在这里所做的笔记，将成为日后与业务直接相关的线索。

有一处需要稍微注意，那就是请选用非纸质的胶片材质便利贴，而非纸质便利贴。因为这种材质的便利贴能透显出其下的文字，不需要一一揭开进行确认，而且比纸结实，即使放在包里也不会破损。

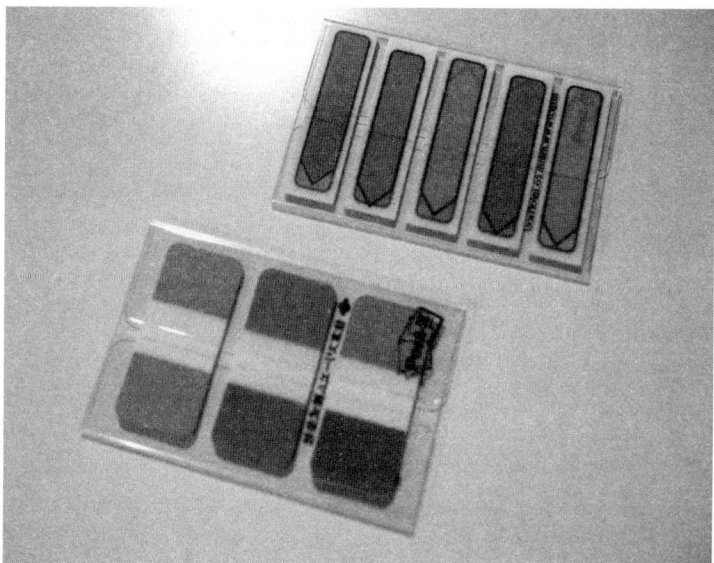

我喜欢使用胶片材质的三色便利贴。它的尺寸也很紧凑，放在笔盒里非常方便。

读书技巧 43
书是文本化的"笔记"

对于在书上写字这件事，想必有人会感到犹豫，难以下笔。尤其是以前，人们对书非常重视。因为书在当时是高价的媒介，是可与其他人共享的重要的信息来源。我还记得祖父如此教我："书乃著写之人的意志体现，故而应予以珍重。"

但如今，书已不再是宝贵的共有物。若将读书视为自己实践产出的食粮，便不存在他人的介入，所以书越来越脏乱也不要紧。对此，松冈正刚先生对书的解释很值得参考。**松冈先生将书定位为"文本化的笔记"，建议大家尽管在书上写下想法，使其变成原创笔记。**

在绝大多数人的意识里，笔记与书是分离的。然而，若能将书视为写有文本的笔记，就能在其上毫不犹豫地写字，形成新的文本，还能写下自己的创意。用自己的创意给重要位置的文本信息做出标记，这样以后再读就会很方便，而且还能产生"读书＝创意大会"的可能性。

遗憾的是，我们很少采用这种方式跟书打交道。**书架也可说是被书籍填满的"创意仓库"，如此想来，书架就是你的"创意基地"。**

读书技巧 44

活用"指针"，快速找到重要位置

　　把书视为笔记，在上面写字、在重要位置划线之后，还需要想些办法，以便能够快速翻到重要页码，并找到相应的行。这时需要的是住友3M出品的浮签——"指针系列"。**该便利贴的前端呈箭头状，能够指示重要位置。**而且采用胶片材质，即使贴很多，也不会使书变得臃肿，并且自身足够结实，不会破损。

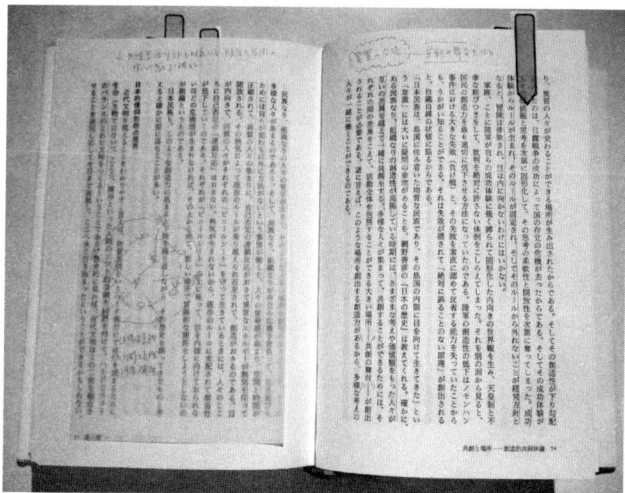

"指针系列"的前端呈箭头状，用它标志的重要位置一目了然。

　　该系列的种类也颇为丰富。"剪影指针"系列顾名思义，形状独特，甚至有心形和流星形，可以使翻书变得乐趣丛生。

　　我以前爱用名叫"Bookdarts"的夹子。这种夹子也是前端呈箭头状，看到哪里一目了然，是最棒的书签。不过，在需要标示很多位置的时候，由于是夹子，取下来就会失去意义，但这样一来又不能夹太多，所以这是个难点。

　　为此，我稍微下了些功夫查找一番，找到了能指示行的"指针系列"，而且它比单纯的浮签指示更清晰准确，应对速度更快，所以我很喜欢。如果你也使用浮签，请务必尝试这种前端呈箭头状的"指针系列"。

读书技巧 45

通过索引阅读，进行精准定位

作家丸谷才一先生在《思考的课堂》一书中所介绍的"索引阅读法"，是一种值得关注的有趣的速读法。该方法是**通过仔细阅读书中索引，选出重要的字句和有趣的部分进行阅读。**这种技术也可称为"精准扫描"，简直就是查字典般的读书法。

索引阅读法有两个优点。一是能够了解贯穿全书的主题。丸谷先生认为："浏览索引，能了解作者究竟是出于何种目的而写作本书的。其中，与主题相关的本该有的条目，在索引里也可能没有。也就是说，既要留意该书针对了什么，又要留意没针对什么，在此前提下迅速浏览索引，阅读正文时就会格外顺利。"

目录读书法是通过目录的条目，对所写内容进行类推、预测，而索引阅读法则是通过索引进行精准定位，直达需要的位置。查找犹如厚词典般的文献时，索引阅读法是强有力的读书技巧。

还有一点，也是我从以前开始就一直在做的，便是**在读过一次的书上做类似简单索引的笔记。单凭这一点，就能在日后寻找重要位置时变得格外轻松。**

在封面内侧记下简单的索引。这将在以后"检索"时发挥惊人的效力。

　　窍门很简单。进行第三阶段的仔细阅读时，在你觉得"应该学习的教训"位置划线或做好其他标记，并在封面内侧的空白页（环衬或扉页内侧基本都没有文字）记下"重要位置的页码和内容"。我称之为"自用索引"。

　　实际尝试一下就会发现，检索速度将出现飞跃性的提升。像这样的小技巧，在产出时将发挥出强大的效力。请务必加以实践。

读书技巧 46

设定消极条件，切除文章

前文所介绍的读法，关键在于寻找关键词。然而，还存在一种与之相反的技巧，认为**比起寻找，不如彻底考虑"舍弃"**。

实际上，比起寻找必要的内容，看清不必要的内容要更简单。例如，我们在讨论午饭吃什么的时候经常会说："昨天吃的是中餐，所以今天除了中餐……"在这种时候，我们明确提出了"消极条件"，进行了流畅的信息检索。

读书也一样。自己不需要的信息其实非常明显。因此，设定读书的消极条件，从一开始就将其略去不读，也可说是快速阅读的关键。

这种方法可能适用于所有事情。例如，去大型电器店购买手机时，显然没必要去电脑卖场，也没必要去家电卖场。不断排除不需要的信息，就能迅速找到关键的手机卖场。找到以后，会感到微小的喜悦。

重新想想，**最重要的是"目的意识"**。如果没有目的意识，就会在电器店里漫无目的地乱逛，而这显然是在浪费时间。

读书亦然。若能在读书前清楚地认识到自己为何要读这本书，阅读速度较之毫无意识时就会有明显的提升。而且，这种目的意识就像一个过滤器，能把"非必要之处"过滤出来，略过这些不需要读的字句，反而能使关键词凸显出来。

要认识到，书中内容并不都是必要的。不如说恰恰相反，不必要的信息更多。进行速读时，应该拥有事先果断切除不必要内容的勇气。

读书技巧 47
无趣的书应立刻停止阅读

以前，我和读书家前辈聊起读书的时候，曾得到过强烈的建议。

"你看书会全部读完？我要做的事情太多，不再会把书全部读完了。因为没时间，所以只会读自己需要的内容，其他部分一概舍弃。只是使用这种方法以后，要读的书反而变得越来越多，其中很多书不合意，确实叫人为难，但既然是不合意的书，就需要拥有干脆放弃的勇气。因为，没什么读书方法比阅读无趣的书更拙劣了。"

现在想想那位前辈的话，可谓概括了速读的关键。同样说过"无趣的书就该断然停止阅读"这种话的，还有清水几太郎先生。清水先生曾在《如何读书》一书中直言不讳地指出："没必要强迫自己忍耐。如果觉得无趣，最好断然停止。这样的书与现在的自己无缘。也许以后有一天缘分来了，会觉得读起来很有趣，但至少在目前是无缘的。勉强自己去读无趣的书，于精神卫生有害无益，最好停止阅读。"

读书总会有合意的和不合意的。然而，**对于现代人而言，**

阅读不合己意的书是最浪费时间的行为。但是意识到不合意之所以为不合意，这也是需要通过读书来学习的重要知识，它能帮你认清是否应该使速读等于快速仔细阅读。这也是非常重要的决断。

在做标记阶段觉得无趣的书，建议先让它在书架上沉睡几年。

这只是我个人的经验之谈，但书确实存在"恋爱适龄期"[4]。前不久还觉得读不进去的书，可能突然之间借助某个契机，就会觉得很有趣；或者是几年前觉得无趣的书，突然就觉得很有意思了。对书的解读力，会随读者的人生经验而发生改变。因此，并不是说要把现在觉得无趣的书立刻卖给二手书店，而是应该像种葡萄一样，让它沉睡一段时间，等待成熟的那天。这一点很重要。

NOTE

注4: 以前读不进去的书，后来偶然翻看，却又觉得有趣，会产生与以前全然不同的解释。这是因为，跟书打交道的方式会随年龄、经验而发生改变，总之就是时机的问题。

读书技巧 48
读书家导师将为你带来"命运的邂逅"

前文详细介绍了精准定位型速读法，即通过目录读书法检索关键词，阅读其附近内容，熟读重要部分。此外，还介绍了设定消极条件，确定不读部分的方法。

然而，在极偶然的情况下，有可能遇见"不能跳读，必须仔细通读"的书。这无疑是与书的"命运的邂逅"。

你遇见过多少本这样的书？

读书的喜悦，是与这种"命运的邂逅"的次数成正比的。但不得不说，其概率相当低。就算多读，也很少能遇见这样的书。

有一种方法能在很大程度上提高这种"命运的邂逅"的概率，那就是在亲密友人中找到读书家导师。也就是像第1章介绍过的，我的朋友S那样的人。

这是因为，他们了解你的兴趣和想法，知道什么书适合你。

另外，读书家导师也并非全知全能，所以最好在不同的体裁领域内有不同的导师。

以我为例，我在小说、文化、战略与营销这三个领域内，各有一位读书家导师。每过三个月，我就会和导师定期举办一次聚餐，向对方打听最新的动向，让对方介绍好书。

读书技巧 49

利用软件"Sokudoku"把握读书速度

下面谈谈比较有技术性的话题。作为读者,你了解自己的读书速度吗?

读书速度与读书量成正比,会越来越快。我的读书生涯从大一入学时开始,到大四时,读书速度已经相当快了。然而那只是凭感觉估计,并不知道在数值上究竟有多快。我想,你大概也是如此吧。

为此,可以活用软件"Sokudoku"。**该软件能够测量"每分钟能读多少字",并与日历联动,记录速度的推移。**眼下不善读书的人,只要用这个软件测量自己的读书速度,之后哪怕按照每个月只测一次的节奏,也能把握自己的进步幅度,这样一来,买书也就有了一个基准。

该软件预装有十四部作品,测速时不会感到枯燥,而且能从数字图书馆"青空文库"或"iTunes"下载图书,因此可以使用自己能读得进去的作品,测速的同时也不耽误读书。

此外,还有"眼球移动训练""周边视野扩大"等游戏,并且具备快速、广泛捕捉文字的训练功能。觉得自己读书速度太慢的人，请务必利用这些软件提速，同时享受进步的快乐。

通过测速，能知道一分钟读了多少字。

读书技巧 50
利用"读书套件"抓住间隙时间

对于生活在现代的商务人士而言，想要确保完整的几个小时的读书时间，几乎是不可能的。然而，**15分钟左右细碎而短暂的间隙时间，则有很多。**

例如餐后的咖啡时间、碰头间歇、会议延迟召开的等待时间、上下班等电车，或约会等待时间[5]等。只要留意寻找，就能发现很多间隙时间。**请不要放过这些短暂的时间，养成利用这些时间读书的习惯。**

在这方面表现活跃的，当数"读书套件"。这是我最近开发的工具，是最常用的工具之一。我跟别人约定见面时，一定会带上它。

简单来说，它就是笔盒的放大版，里面装有两本最近正在读的新书版或文库版的书。此外还有胶片材质的三色便利贴、

NOTE

注5：书店是最适合碰头的场所。即使有一方被迫等待，也不会感到痛苦，从而降低吵架几率。

多色彩笔和注释用的圆珠笔、小素描簿、iPod和充电器等一整套装备。

一说到彩笔，我就能想起作家司马辽太郎先生那色彩丰富的原稿。根据现场的氛围，用不同的颜色记笔记，也是蛮有趣的事，于是我买了好几支彩笔。至于素描簿，是当笔记本用的，以记下图表的示意、企划的结构等想法，而且还能在上面画画，想稍微集中精神的时候，可以随便涂鸦。

我开发的这个读书套件，灵感来自于女性旅行用化妆套件，是将这种"套件"概念引入阅读活动进而完成的工具。这套工具非常好用。最重要的是，所有工具组成一套，装在一起，不

读书套件是产出型商务人士的必备工具。只要随身携带，一点点空闲时间就能立刻被用来读书。由于众多工具是放在一起的，所以只要装进包里，就能方便地使用，不用费时一一寻找。

会出现遗漏。

　　总而言之，只要有十分钟以上的时间，我就会掏出书来，以闪电战般的姿态开始阅读。这样一来，用两三天的间隙时间就能读完一本书。

　　只要有了这组读书套件和笔记本电脑，真的能在任何地方完成商业上的投入和产出。

读书技巧 51

总结：通过实验积累教训，将为人生带来好运

在本章的最后，我想提两个非常根本性的问题。

我们为什么应该多读书？

商务人士阅读商业书籍或杂志，究竟是为了得到什么？

《杠杆阅读术》的作者本田直之认为，这是为了"在短短几个小时的时间里，能够理解别人历经数十年呕心沥血努力尝试走过的轨迹，掌握书中经过整理的信息"。读书是"便宜得不可理喻的"投资，正因如此，才应该"多读"，争取获得最大的回报。

诚然，能够模拟体验他人如何做生意，这或许是阅读商业书籍的意义所在，但**首先，体验工作领域和立场都不同的他人的人生，是不可能与自己的业务直接关联起来的。更应该说，阅读商业书籍所面临的最重要的课题，是"获得他人经验所编织出的模式（概念或规律）"。**

所谓模式[6]（schema），是指"被前人获得的知识或经验所证实的事物的规律"。本书为了易于理解，将模式统称为"教训"。在商业书籍里，大多写有作者做生意的经验之谈，若能大量获得这些教训，就能相应地提高成功概率。正因如此，商业书籍重在多读。花少量的钱就能买到他人的教训，难道不正是阅读商业书籍最大的意义所在吗？

然而需要注意的是，"不要读过书就自以为懂了"。沉迷在书中，就容易误以为书里所写的内容可以直接转用于自己的业务。这是很危险的。

关键是，对于通过读书所获得的他人的教训，要经常在实践中亲自验证，然后将结果转化为自己的规则。通过实践，对他人的教训进行尝试，有取舍地选出真正能用的教训，加以改编，使其适合自己。我认为，反复进行这个实验，掌握"真正能用的教训"，才是人生中最重要的事。

读书→发现教训→实验→找出能用的教训，若能重复这些作业，使积累"能用的教训"形成循环，人生就会越来越好。所以，我最后再强调一遍：不能只是读过了就觉得满足，请积累自己的教训，编写人生的词典和教科书。这是境况好转的秘诀。

NOTE

注6：虽然是轮廓、概要这种意思，但是在本书中，定义为自己经历的、储蓄的智慧。

第 5 章

加快理解的"类比读书"技巧

读书技巧 52
垂直型阅读与水平型阅读

关于应该如何读书，美国有一本系统化的教材，就是莫提默·J.艾德勒（Mortimer J. Adler）和查尔斯·范多伦（Charles Van Doren）合著的《如何阅读一本书》。该书分阶段地阐述了从小学生到研究生的四种读书方式。下面稍作介绍。

①初级读书：完全不会读写的孩童借以习得初步的读写技能。

②检视读书：在规定时间内尽可能地把握内容。

③分析读书：彻底读透，直到把书中内容完全转化为自己的血肉。

④主题读书：针对一个主题，将多本书相互关联起来阅读。

我对其十分佩服，同时也为日本没有出现如此技术性的书而感到非常不可思议。**日本学生不读书、教育水平低下的状况早已有所耳闻，却一直没人提出破局的方法**。目前，从小学生到研究生——包括我本人——从没被教授过系统化的读书方法，至于书店里关于读书论的书，其中也尽是文豪们极其个人化的方法。

因此，本书从第1章的读书入门篇开始，辅以技术性手法，逐渐讲解了应该如何读书。从本章开始，作为"应用篇"，将把焦点对准"使知识立体化"的读书。此外，还会一边具体想象商务人士的成长，一边进行易于理解的解说。

那么，作为商务人士，应该以什么为目标呢？答案因人而异，但大体上有两条路——"通才"和"专才"。**所谓"通才"，是指不限于特定领域，在多方面都具备一定水平以上的广泛知识和技能的工作者。**

对于肩负企业未来的人才，公司大多每过几年就会进行人事轮换，使其积累各种横向工作经验，培养职业前途。相反，**所谓"专才"，是指在业务上与其他人存在明显差别，在特定领域具备深厚知识和专业技能，并且专注于该领域的工作者。**

若以业务种类为纵轴，以功能组织为横轴，尝试将商业进行矩阵化，会发现一件很有趣的事。那就是，如果横贯各种功能组织，就会成为该业界的通才；反之，如果超越所有行业，追求功能，就会成为真正的专才。

从这个矩阵还能看出，通才会形成在一个企业出人头地的职业前途，专才则存在更换行业谋求个人发展的强烈倾向。

与此相对应，商业中的读书也是不同的。**若想成为通才，需要在水平方向上阅读所有专业领域的书籍，**无一遗漏地掌握所有领域的基础知识，并能实践应用。本书称之为"水平型阅读（horizontal reading）"。

反之，**若想成为专才，在垂直方向上深化特定领域的读书是不可或缺的。**需要理解能够应用于所有行业的专业知识本质，同时对于各种行业固有知识具备高敏感度和强忍耐力。这种广泛、深入地领会特定专业的读书，称为"垂直型阅读（vertical reading）"。

本章将对这两种读书方法进行介绍，并思考"'知识'成长的读书阶段论"。

读书技巧 53
营造"思考的主场"的垂直型阅读

自就业以来，我始终专注于市场营销，已有十多年了。或许正是出于这个缘故，我不管思考什么事情，都会下意识地从营销的思维出发。

例如，我走进咖啡馆，浏览菜单，点杯咖啡，喝完回家。在这一系列的流程中，我会做出"啊，这家店的招牌咖啡是这个，点一杯尝尝""布局值得学习啊""待客真棒"等评价，思考该店的战略要点。

我想，如果是像Doutor那样的连锁咖啡店，因为顾客众多，就会设定更加重视流水周转的菜单和价格；而若是氛围独特的老式咖啡店，则可能会适当抬高价格，出于重视熟客的考虑而提供相应的服务。去7-11便利店消费超过700日元，就能抽取速开彩票，中奖即可兑换商品。便利店的人均顾客消费据说是500日元，所以7-11采取"重视量的营销策略"，诱导顾客多花200日元，其手段令人佩服。

回头想想，我一直在自己的工作——市场营销——领域内，进行非常垂直化（即专业化）的读书。市场营销战略论、市场营销管理论、品牌管理论、价格战略论、客户管理论、媒体论、广告论、商品开发论、市场调研……可谓不胜枚举。然而重点在于，我发现通过**读这些书，积累实践，就会在无意识间，不知不觉地形成"思考的主场"**。

据称，日语学者大野晋先生曾对丸谷才一先生说："我有主场，若遇到困难，我总是会回到那里思考。"这句话说得太棒了。**遇到困难就回归到专业的日语学思维，重新思考一遍。通过思考其中的共通点和差异点，面临的问题就能得到整理。**拥有思考的主场，就是形成了事物观的基准。

不论什么都有"主场（即专业或擅长领域）"，这很叫人安心。好比足球运动员，即使接受了客场的洗礼，只要回到主场，就能心无旁骛地专注于自己的比赛。商业同样如此，只要为自己的思考建好"主场"，就能回到那里重新思考。为此，需要彻底贯彻垂直型阅读。

读书技巧 54
商务人士的首要目标是成为"部门的专才"

最近的劳动经济学，从三种视角看待商业中的个人技能。第一种是"企业特殊技能"，意味着该技能为公司内部所重视，但在其他公司并不通用；第二种是"普遍技能"，该技能超越了英语、领导能力等职业种类，而且是在任何企业均须具备的基本能力；第三种是"职业专业技能"，是指高度专业化的技能，若为同一职业种类，则在其他公司也通用。综合这三种个人技能，即可作为评价个人的指标。

令社会招聘的面试官感到不解的是，尽管很多人是为了给自己的职业履历增加筹码而想要跳槽，但是他们却并不重视"职业专业技能"。打算在跳槽后的公司形成自己的第二职业履历——抱有如此天真想法的人何其之多。若无其事地说出"我在普遍技能上很出众，想在贵公司体验新的职业专业技能，以期进步"这种话的人源源不绝。他们根本不明白，**说得极端一些，企业之所以进行社会招聘，目的只有一个，就是购买"职业专业技能"。**也就是说，这些人是在没能形成"思考的主场"的"无家可归状态"下进行跳槽活动的。

　　庆应义塾大学的劳动法教授樋口美雄先生一针见血地指出，在雇用呈现非正规化的态势下，商务人士要想生存下来，不能单靠"企业特殊技能"，关键还是要在掌握"普遍技能"的基础上强化"职业专业技能"。这才是规划职业前景时应当持有的视角。

　　在我看来，学习其他公司也通用的职业技术的本质，是升华职业生涯的学习法中最重要的一点。

　　也就是说，**商务人士目前应该做的，是成为"当前所属部门的专才"，迅速建好"主场"**。尤其是新职员，格外需要注意这一点。即便是通才，也必须完全把握自己所属部门的业务内容，因此可以说，作为眼前的目标，成为"自己所属部门的专才"就是大命题。

读书技巧 55

观察业务能力强的前辈的书架

那么，要想成为"自己所属部门的专才"，具体应该怎样做呢？

我刚进公司那会儿，经常去偷看前辈的书架。因为书架上摆着很多看似艰深的书，使我一开始无从选择。于是，我就问那个身为金牌营销策划员的前辈："我是刚入职的新人，能不能帮我介绍一本新人该读的参考书？"前辈当时介绍我的第一本书，是庆应义塾大学嶋口充辉教授的《柔性市场营销逻辑——从日本型成长方式出发》。我还记得自己当时看不懂这本书，却也觉得"这真是有趣的工作啊"。

后来我也常去看前辈的书架。**书架这东西真是不可思议，从它可以看出其主人的性格和思维。有趣的是，熟悉以后，就能隐约看出对方的兴趣所在。如果继续下去，还能知道对方与自己是否志同道合，脾性相投。**至此，就能对书架上的书自行选择取舍了。

去看书架时，顺带将作者和书名记入手机，然后去书店站在书架前阅读——这是我在新人时期的读书方式。前辈在的时候，我会提问："这本书，写的是什么内容？"前辈就会说："啊，正好没什么事，要不我们去咖啡馆聊？你有时间吗？"就这样，我经常一边和前辈喝着咖啡，一边听对方讲述读书或营销的事。

不可思议的是，几年以后，我的立场反过来了。当后辈问我"前辈，这本书方便借我看看吗"的时候，我是颇感开心的。

此外，如果有机会去朋友或前辈家，最好尽量观看书架[1]。你应该能获得很多启发，使自己保持虚心，觉得"自己的学习还远远不够呢"。而这，正是读书欲的源泉。

NOTE

注1：有的朋友可能不愿展示自己的藏书，即便如此，也应该积极观看别人的书架。建议去读插画家内泽旬子的《先生的书斋》。该书用插图描绘了名人的书架。

读书技巧 56
以产出型的读书方式为基本

作家大江健三郎先生讲过这样的读书方法：

"找到自己最初的书，将它们连接起来，形成一个台状平面。然后，只要把这些书所唤来的其他书放在上面即可。有时，这些书也会唤来人，而这些人真的会以亦师亦友的方式现身。"

正如大江先生所言，我的读书历程是以阿部谨也先生的书为轴，继而横向扩展的。回顾我在S的引导下才开始的读书生涯，"人"是主轴。对一个人着迷，然后了解，继而又对其人作品中所引用到的人物产生兴趣，由此得以扩展。结果便是，我的书架上形成了基于作者人脉的"书脉"，连绵成带，延展开来。

而且，我开始读书与大学课业有很深的关系。对于高中以前的课业，我的评价是"重视投入"，因为这些课程均是通过测验，来确认学生是否记住了老师所授的内容。与之相对，大学重视报告，也就是"重视产出"，因此读书本身不是目的，不如说是用来写报告的手段。亦即是说，要想完成优秀的报告（即产出），就得对书进行彻底利用。

仅是正确记忆的投入，与用于产出的投入——不得不说，二者之间的差别很深、很大。

　　樋口裕一将读书分为"乐读"和"实读"。所谓"乐读"，是指以读书为兴趣、以享受为目的的读书。**而所谓"实读"，指的是以读书为食粮、以产出为目的的读书**。对于商务人士而言，重要的是实读，因为它与业务密切相关。

　　以精度更高的业务为目标，领会众多理论和工作的本质，并以具体形式呈现出来。为此，需要阅读大量书籍，从他人的经验中吸取教训，使知识立体化。**作为劣等生的我之所以能够阅读大量书籍，全因为我借着真正的求知兴奋为契机，理解了知识的体系，并由此将体现新价值的"产出型读书"当作了基本立场。**

读书技巧 57

把读书的七成投资在垂直型阅读上

选择书的时候，总是容易无意识地倾向于自己的兴趣爱好，结果自然有失偏颇。就像为了确保身体健康而不能"营养失衡"一样，必须维持平衡。读书亦然。对此，有一个简单的方法，就是拥有读书投资基准。

你知道被称为"70∶20∶10模式"的"投资基准"吗？这是由谷歌董事长埃里克·施密特（Eric Schmidt）公开的谷歌公司的投资基准比。**根据该黄金比例，谷歌将70%的资金和时间用于充实现有服务，20%用于充实现有服务的周边服务，10%投资于全新的未知领域。**

我们可以把这个基准引入到读书中来。

要有意识地对现在所属部门的业务书籍投资70%，对支持现有业务或可能成为新业务的其他领域的参考文献投资20%，余下10%分给完全未知的书籍。并不是一定要丝毫不差、完全机械地遵守这个比例，但只要有了这个基准值，就能像"啊，现在有点儿过于偏重专业领域了"一样，产生修正意识。

这一基准最能发挥出效力的时候，是在跟钱包"商量"的

70：20：10 模式

70	20	10
专业领域（专才）	专业领域周边	与未知的邂逅

这一模式不仅适用于读书，还能活用于各种活动，作为参考基准。

时候。假设每月花1万日元买书，就会产生非常明确易懂的目标——7000日元用于自己的专业领域，2000日元用于专业的周边领域，1000日元用于投资未知。光是想象每月用1000日元能买到什么样的"新邂逅"，就令人兴奋不已。如果你想成为自己所属部门的专才，建成思考的主场，就把七成投资用于垂直型阅读吧。

大多数企业都会每隔两三年进行一次人事轮换，所以**假如每月用1万日元投资于读书，则有7000日元会用于专业书籍，若以三年为例，便是25.2万日元的投资。如果将这些钱全部购买单价为1500日元的精装书，就是168册专业书籍；如果购买单价为700日元的平装书，就是360册。**读这么多书，还不能得到足以成为所属部门专才的知识吗？

实际上，前文提到的劳动经济学所划分的"职业专业技能"，才是最容易通过读书掌握的领域。这是因为，超越公司及商业领域的普遍性、本质性的理论和规律，多已作为前人的才智被写成书了。通过读书领会这些规律，再通过实践加以试验，如此重复不断，就能将自己锻炼成理论与实际完美结合的商人。

　　"企业特殊技能" 是公司固有的知识，所以向前辈请教是最快的学习方式。此外，"普遍技能" 对于公司人事部、人才开发部或商务基础实习员工来说，或许最为有效。可以说，读书才是直接关系到职业生涯升华的学习。

读书技巧 58

谷歌检索的进阶——联想检索技术

无论是谷歌还是亚马逊，**只要输入有意义的关键词，就能从所有网站中瞬间检索出含有该关键词的信息**。这称为"匹配检索"。匹配检索的问题在于，检索结果的显示顺序未必与信息的可信度成正比，反而需要逐一浏览检索结果，而这是看不完的。

由国立信息学研究所的高野明彦先生领导开发的"Webcat Plus"，**其中加入了"联想检索"这一划时代的创意**。正如人类

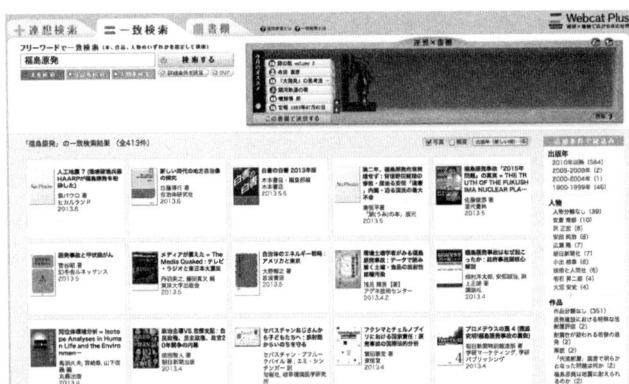

"Webcat Plus"所采用的"联想检索"的原型，曾被称为是"21世纪引人注目的信息检索技术"，刊登在科学杂志 *Nature* 上。

看到或听到一句话时，会在无意识间联想到若干与之相关的单词一样，该检索方法就是通过检索关键词，来提取出关联性高的单词，将含有这些单词的书毫无遗漏地查找出来。

例如，假设你想在网上邂逅有趣的新闻，但我们的大脑并不明确具体会对什么感兴趣，只是模模糊糊地觉得"比较在意"。

"联想检索"的厉害之处就在于，只要把"比较在意"的网上报道整个儿复制下来，粘贴在检索框里，不仅能立刻检索出与文章有关的书籍，而且右侧还会显示"关联词"，点击这些关联词，就能开始更深入的检索。

例如，将《日本经济新闻》（Ecolomy版）上的采访报道《谷歌的环境事业是对未来的投资——采访环境负责人》直接复制，进行检索，就能查到胜田悟的《用以实现可持续事业的环境商业学》（检索结果似乎会随时间而有所变化），而且会显示能源、环境、发电等关联词。这样一来，就能大概知道今后该以什么作为关键词，深入挖掘自己的兴趣了。

这是通过一篇文章，即可显示兴趣矢量和新的检索可能性的革新性检索系统。

读书技巧 59
利用图书导航系统总揽信息

下面再介绍一种名叫"想–IMAGINE Book Search"的图书导航系统。该系统链接到多个数据库——以"Webcat Plus"为首——能够多角度地检索书籍及内容。它是所谓的资料检索系统，对于制作企划书或写论文效果显著。

无论是工作，还是大学生写毕业论文，都应该有主题。然而，以该主题为轴，把读书范围扩展到什么程度为好呢？很多人对

可尝试在"想–IMAGINE Book Search"中，输入自己当前面临的课题或主题，瞬间就能显示出多种必要的书籍。该系统也是由国立信息学研究所的高野明彦团队开发的。

此感到困惑。我的建议是，确定想读的书的主题以后，首先应该通过这个工具，广泛扩展主题的可能性，在此基础上进行思考。

该系统内容简单，但设计可谓深奥，甚至于只能说，它是专为实现有效产出而创造的。

首先请看左侧的数据库列表。不单单是书店种类的检索，每个主题下都有成组的入门书"新书地图""维基百科"等经由各种信息列成的清单，而且还能通过松冈正刚的超级书评"千夜千册"，一口气获得知识巨人的视角。

以写论文为例，如果是学生水准的论文，基本上只靠这个系统就能完成。没理由不去利用[2]。

此外，使用该系统还能在半个小时内创建出"心愿单"。淳久堂书店池袋总店库存的50万册书籍，在网上即可下单订购，所以在大量购买参考文献的时候，使用该系统将非常方便。而且，清单里的文献若无库存，还能去"BOOK TOWN神保"确认旧书的库存情况，通过各旧书店的网站在线下单。可以说，只靠这一个网站，几乎就能网罗所有的必要文献。

NOTE

注2：只要检索数据库，就能快速完成论文。现在的学生多幸福啊……但问题是，有多少学生知道这个网站呢？

读书技巧 60

通过笔记积累"属于自己的教训"

在从事多年的工作中，反复进行读书和工作，就会不可思议地发现诀窍。设法将读书得来的知识（即模式）转换到实践，确认什么能用什么不能用，寻找适合自己的方法——这是众多

"模式集"汇集了以前经历的工作。一个项目结束后，应该对模式进行总结并记录下来。

商务人士的实际状态。

商业读书，就是吸取他人的教训。反过来也可以说，正是因为想要获得大量值得自己参考的教训，所以才会读书。然而**关键在于，要努力吸取这些教训以嵌合自己的工作。读过以后就能直接套用教训的简单工作，在这个世界上并不存在。正因如此，"转换"这一步骤才格外重要。我认为，只有掌握了真正融入自身血肉的规律的人，才能真正驾驭商业这辆大车。**

令我体会到读书喜悦的阿部谨也先生，曾明确指出"理解"与"知道"的区别："所谓'理解'，是在单纯知道的基础上，还要使其联系到自己的人格。因此，若经历了这样的'理解'，自身当能有所变化。"[3]

也就是说，**理解能把知道的知识转换为自己的东西，其结果是实现态度的改变。**然而，读书只是知道的手段，所以就算有再多的知识，光靠读书也没用。关键在于"使他人的教训发生变化，升华为属于自己的诀窍"。

因此，我所做的就是积累并牢记"属于自己的教训"。梅田望夫先生曾在《G 时代创业的 5 大定律》一书中展示了伟大而有远见的语句，对于这些极具魅力的话语，**我们应该通过身边的前辈或读书，来大量收集，然后在工作中加以实践并确认，同时转化为自己的话，使其更适合自己。**可以说，对话语或规律

NOTE

注 3：参考阿部谨也《在自己的心里看历史》。

进行改编以适合自己，将其作为自己的教训积累起来，是形成"思考的主场"的关键。

优秀的商务人士会养成这个习惯，每结束一个项目，都会对工作进行总结，通过做笔记积累教训。这将成为属于自己的商务辞典。

读书技巧 61

类比读书的建议——用主场的知识看待一切情况

思考的主场形成以后，可以用积蓄在其中的知识去看待一切情况。如此即会有意外的发现，世界观也会丰富起来。插画家三浦纯，就是一个体现出这种趣味的人。

三浦先生曾与小说家伊藤正幸合著了《见佛记》这部名作。在该书中，他把佛像比作音乐家，竟然神奇地颇具说服力。下面就来看看三浦先生的发言吧。

- "他们自极乐净土而来，于佛堂开音乐会。他们皆为超级巨星，紧抓住男女老幼的心不放。"
- "我曾以为摇滚乐不是诞生自美国，就是发源于英国，但当我有一天见到法隆寺的伽蓝布局图时，才蓦然发现，其布局简直跟舞台上音乐家的队列一模一样！！……四天王寺式伽蓝是杰尼斯事务所惯用的布局……释迦三尊像是松竹艺能公司风格的起源。"
- "艾曼纽夫人的情爱仿效了如意轮观音。"

● "空也上人是伟大的说唱艺人。"

一边是音乐、电影等娱乐世界，一边是佛像。该书在这看似毫无关系的二者之间划出一条辅助线，为读者提供了出人意料的视角。该书出色的求知兴奋即在于此。

知识的有趣之处，便在于从意外的范畴重新发现这种截然不同领域的结构。这称为"类比"。

事实上，本书所说的垂直型阅读和水平型阅读，也是"类比"这一手法的开发成果。坦白地讲，就是在读书中引入渠道营销的概念[4]，分别加以把握的读书方法。

像这样通过隐喻，把握不同于商务专业的领域，从中挖掘新价值，就能发现孕育"商业新萌芽"的方法。我称之为"类比读书"。该手法也可活用于新创意的思考。

NOTE

注4：在菲利普·科特勒（Philip Kotler）的《营销管理》一书中，对此做了如下说明："制造商、批发商、零售商综合行动的体系，即被称为垂直型营销体系；而多家不同行业的企业使资本与项目结合，着手开发营销机会，则被称为水平型营销体系。"

读书技巧 62
叔本华为多读敲响的警钟

商业阅读的基本要点是多读。获取各种信息，使之成为业务的血肉。这是至关重要的，但若单纯以为多读肯定好，那就危险了。也许有些出乎意料，但冷静想想就会明白，读书或阅读资料只不过是去看他人已经想到的事情，哪怕读了再多，终究不过是拾人牙慧罢了。

商业时刻要求创新，而通过多读所获得的，始终只是既有信息。首先请重新认识这一点。而且，**多读最可怕的地方在于，你会在无意识中对书产生依赖，从而放弃自己思考**[5]。

关于这一点，哲学家叔本华曾提出过尖锐的批评。在1960年岩波文库出版的《关于读书》一书中，叔本华认为"对于自己产生统一思想的思索而言，再没什么是如此有害的了"，强烈否定读书，并做出如下指摘：

NOTE

注5: 书只是启发，而非正确答案。请勿过度依赖书本。商务没有100%的正确答案。所以，一旦忘记了思考这一基本行为，无疑等于本末倒置。

"读书是让别人帮自己思考。读书的我们，不过是在反复追拾别人思考后的残渣。好似习字的学生，用钢笔沿老师划下的铅笔线描摹，所以读书时几乎全无思考的辛苦。对于停止自己思索的读书，之所以会感觉到心安理得，原因即在于此。然而，只要努力读书，我们的大脑就只不过是别人思想的运动场罢了。因此，即便有时只是为了打发时间，绝大多数用一整天来多读书的勤勉者，也会逐渐丧失自己思考的能力。总是使用交通工具，终将忘记如何走路。"

过度依赖多读，就会丧失思考能力。这是非常可怕的事。对于多读型商务人士而言，这是很尖锐的指摘。"不要忘记自己思考的习惯"——我们应该将叔本华敲响的这记警钟铭记于心。创造（creation）与革新（innovation），才是企业的生命线，因为"止于多读"是做不成竞争力高的工作的。

关键在于，**要活用多读带来的丰富信息，同时做到自己思考。**请务必铭记这一点。

读书技巧 63

通过客场洞彻本质 = 使专业变得更强的力量

反之亦然。非专业领域的读书，有时会意外地为你提供新的视角。例如，登山家为登顶所做的准备工作，也很值得在做业务时参考；足球教练的观点，也会与团队项目的关键相吻合（《奥西姆语录》和《野村笔记》都是可以通过类比读书，从体育运动中发现与商业相通的"本质"的好书）；温泉旅馆老板娘的待客之道，也能成为面向顾客的销售沟通的借鉴。总之，在这方面可学的东西非常多。

文化人类学家的实地考察，也能成为市场营销中的目标分析方法。我在调查音乐用户的时候，曾使用人类学的手法，去用户家里拜访，观察其生活习惯与音乐之间的关系。心理学会提供分析目标心理（消费者心理）的重要视角；脑科学中用来强化学习的话语，在设计商标时也是非常有用的启示。

在自己的专业以外，常常也能得到启示。在读书计划中预先安排好"有意义的偶然"，也是很重要的。

在前文提到的读书投资基准"70：20：10模式"中，20%是对专业相关领域的投资，余下的10%用来挑战未知领域。如何向这合计30%的领域中引入新的视角，是通过客场来学习的好机会。若能从这30%的投资领域中找到可以反馈于自己业务的东西，就能孕育出新的业务。

领会一种专业性（思考的主场）以后，应该积极外出，多获取刺激或启发，在自己的业务中引发积极反馈，这一点非常重要。这里所说的"外出"，指的是去到专业领域的外面，或是尝试超出行动范围，或是读书也积极超出范围，意思就是与其待在屋里，不如到外面去。

以读书而言，这或许就是该从垂直型阅读转向水平型阅读的阶段。若能在思考的主场思考这一过程中的启发，继而酝酿成熟，就能升级到高层次思维。

读书技巧 64

养成对照过往人生的文脉的习惯

根据我的经验，商务人士进行垂直型阅读，理解自己专业领域的知识体系，大概需要三年。

进入公司的第一年，是学习公司组织结构、业界规矩和业务流程的时间；第二年是在理解业界业务结构的基础上，专注做自己的工作的时期；第三年才最终进入通过自己的工作，表明自己意见的阶段。**通过此前的实际体验，才终于有了现实感，进入"自己创造工作"的阶段。**

俗话说"功到自然成"，工作也是如此，在能够独当一面之前需要三年时间。其间应该同时进行垂直型阅读，以自己的方式重新编辑理论和实际，总结出属于自己的教训笔记。这一点很重要。经过这个阶段，就能体会到水平型阅读的乐趣了。

关于教育阶段论，江户时代的茶道家川上不白提出了著名的"守、破、离"理论。**"守"是模仿老师形式的阶段；"破"是尝试打破、拆散形式的阶段；"离"是对形式进行重新编辑以适合自己，形成自己风格的阶段。**在我看来，公司内的成长阶段也是与此对应的。

这三年也是非常辛苦的修行时期。但是，只要跨过这道坎，就能体会到自己在一定程度上驾驭商业的妙趣，工作也会变得轻松而愉快。

修行期间通过读书进行学习，或者听取来自前辈的建议时，都会遇见很多不理解的内容。此时有一个促进理解的诀窍，就是把不理解的内容用自己的生活或人生作比，然后再进行思考。

例如，请想想中学的俱乐部活动。能够参加大赛的学生以三年级为主，前两年用来打下坚实的基础，在与其他学校进行交流切磋的同时磨炼实战感觉。你不觉得上面所讲的修行跟这个流程很像吗？**用同样的感觉去理解业务上的成长，就不会感到焦急了。用两年时间认真打基础，是比较合适的想法。**

此外，考虑品牌的时候，与其当作案例进行单方面思考，不如把自己放在品牌的位置上再去考虑。通过分析人生价值高的人的行为，不就能够发现更贴近生活的想法了吗？

制订中期事业计划时，为了使其符合现实，也可以先尝试制订自己的中期事业计划。自己的事都是切实的问题，所以读书所得的理论会与实际非常接近，从而做到深刻理解[6]。如果是会计，可以用家计作比，实际尝试一下。只要把业务当作是扩大版，就能实现快速而深入的理解。

NOTE

注6：只有在失恋或就业活动等迫切时期，才有机会重新审视自己。能否在平时的工作中感受到这种迫切感，是关键所在。

读书技巧 65

总结：目标＝垂直型阅读 × 水平型阅读，使知识立体化

首先应以成为自己所属部门的专才为目标。实现这个目标大约需要三年。在此期间，应该彻底贯彻垂直型阅读（但还要准备30%的投资作为缓冲，接触未知领域），理解业界及公司的业务流程，在此基础上积累专业知识。**然后带着积累的知识冲出主场，去客场战斗吧，去洞彻那些与完全不同领域的知识相关联的本质吧。**

通过这种水平型阅读，能使主场的知识掌握进一步深化。这就是"使知识立体化的流程"。

所谓"思考的主场"，从某种意义上讲，就是自己的"思考的轴"。树立这个轴非常麻烦，很费功夫，但有与没有这个轴，人生的活法相差甚远。我自己通过使市场营销成为一个轴，对世界的理解和认识不知扩大了多少倍，其效果无法估量。

拥有"轴"，或许可以换言之，即创造了"知识的磁铁"。

我经常想起一个场景。那是我上大学二年级时，第一次造访恩师中村尚司先生的家。我在大学里想做的事情有很多，所以不知道在研讨课上该以什么为主题。于是，我拨通了老师家的电话，找老师商量。老师当时对我说的话，我至今仍记得清清楚楚。

"我知道你八面玲珑，对许多事情都很在意。但是请下定决心，锁定一个主题。**只要鼓起勇气锁定一个主题，就能形成思考的轴。有了这个轴，所有信息都会随之而来。**许多学生都很心急，以为必须了解大量的知识才行，但实际上，深入思考一件事的时候，是不得不同时思考其他很多事的。这是因为，人的生活本来就是综合性的、整合性的。"

过了十几年，我才终于理解了这番话的含义。首先，要树立轴（思考的主场）。之后，通过水平型阅读使知识无限扩展。这时，主题就能首次以立体的形式呈现在眼前。最后，使我们生活得更好、可达到更高境界的读书就会由此展开。

第 6 章

"解剖读书"技巧

将书分解、收集线索的技术

读书技巧 66

将一切信息解剖并积蓄起来的莱昂纳多·达·芬奇

莱昂纳多·达·芬奇曾说过这样一句话，"一开始先考虑最后"。此刻正在进行的作业，是为何而做的？如果**通过想象最后的情景，能够逆推出事前准备，就可以将劳力控制在最小限度。**通过逐次意识到每一步作业的意义，能够节省因散漫拖沓而浪费的时间。

那么，应该做哪些准备，又该如何准备呢？从《莱昂纳多·达·芬奇手稿》中可以找到线索。达·芬奇历时四十年写就的手稿，如今仍被分别珍藏于意大利、法国、英国和西班牙。据称，手稿的三分之二其实早已遗失。即便如此，现存手稿仍多达约5000页。

前几天，我亲眼见到了达·芬奇手稿之一——《大西洋古抄本》（收藏在米兰的安布罗西亚纳图书馆）。啊，真是太了不起了。**他的笔记和素描极其缜密清晰。我从中发现，这些大量的笔记和草图，是他留给后世用来创造至宝的"信息"，是"准备"。**众所周知，他为了准确表现人类而解剖人体，留下了严谨缜密的素描和笔记，但实际上，其中还记载了数学、几何学、天文学、植物学、动物学、土木工程学、军事技术、教会建筑、鸟的飞翔机制、光学、水力学、地理学、马的研究等所有分析和创意。

我们必须向达·芬奇学习如何正确"投入"，创造如此杰出的表现（产出）。这是吸收并积蓄可以成为产出食粮的有用信息的技术。这已超越了单纯的读书，是本书的最终目的。因此，本章和第7章将基于达·芬奇的思想，介绍专注于"信息的取舍选择"和"积蓄技术"的读书技巧。

首先说明"信息的取舍选择"技巧。

读书技巧 67
确定适合自己的标记术，将书解剖

作为对信息进行取舍选择、挑出关键词的知识，松冈正刚先生的"标记术"很值得参考。我曾在松冈先生主持的ISIS编辑学校任代课教师，于"一日学习"中接受过特别培训。当时他教给我的，就是"标记术"。

标记术有三大要点。

第一点是标记关键词和人物名。此时可遵循简单的规则——"人物名用括号，关键词用方形或圆圈框起来"。另外，在重要的文句下划横线或波浪线。

第二点是用箭头将标记出的关键词和划线部分连接起来，表明彼此的关系。此时，对立关系用"⇔"，递进关系用"⇒"表示。这样一来，文章的结构即可凸显出来。

第三点是基于该结构，写下自己的疑问和新的创意。此时，要把书当成笔记本，毫不犹豫地一直写下去。这一点很重要。

如此，**像用笔将书解剖一样地做标记，就可以对作为线索的信息进行取舍选择。**

关于做标记，松冈先生在《多读术》一书中说："起初，喜

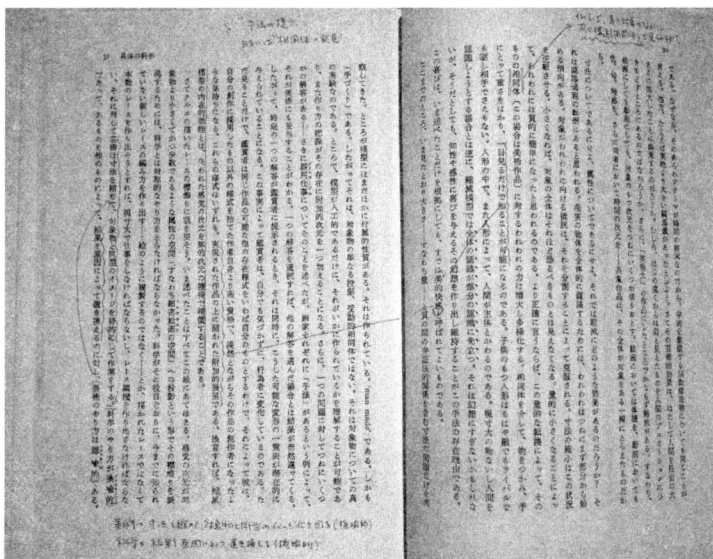

把笔当成手术刀，将书解剖。关键在于，不要只做标记，同时还应分析文句间的具体关联。

欢怎么做标记就怎么做好了。可以划线，可以把在意的单词或概念用线框起来，可以画各种各样的符号。但不管怎样做标记，都要练习如何做到快速且准确。首先需要养成边读书，边对单词、术语及在意的文句做标记的习惯，所以最好采用自己喜欢的方式。"

　　总而言之，就是请确定适合自己的标记术并养成习惯。

读书技巧 68

杂志正是通过"解剖读书"来汇集优质信息片段的

下面来研究杂志。很多公司的部门都会定期订阅商业杂志，而杂志堆积得多了就会碍事，需要扔掉。但在**扔掉之前，应该进行一次"解剖读书"**。

首先准备剪刀，剪下对自己的业务有帮助的资料、图表、排名等信息，然后用透明文件夹保存起来。这就是解剖读书。

解剖杂志时，需要注意以下三点。

① 能否用作产出内容和结构的范本？

用烹饪来比喻，就是相当于"菜谱"的信息。例如，假设商业杂志上刊载了特辑，其"起承转合"的结构很值得参考，那就应该把特辑整个剪下来，用订书机订好保存。这种东西在业内报刊上有很多。此外，如果你是学生要写论文，可以从逻辑展开到得出结论的流程中，将需要参考的内容复印下来，作为样本案例保存。

② 能否用作说服材料（数据）？

要想在演示中说服对方，赢得理解，就应该有效活用数据。

商业杂志上刊载有满满的市场数据和顾客数据，如果事先收集这些数据，那么在必须即刻制作企划书之类的紧急情况下，就非常方便了[1]。用烹饪来比喻，这就是食材。

而且，若能掌握食材含有哪些营养，是如何培育起来的，是否新鲜等"骨干"内容，消费者就能更地做出购买判断。数据也同样如此。不要忘记说明数据呈现什么结果，是用什么方法调查出来的，出处在哪儿。

③ 能否用作产出的设计范例？

杂志与报纸的不同之处，还是在于布局和设计。结论的

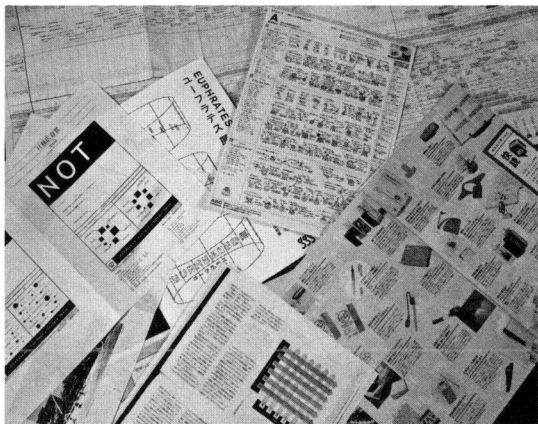

设计范例的积累。

NOTE

注 1：最近，参加 IT 相关论坛或市场营销研讨会，就能得到很多资料，其中许多事实数据都很有用。其中载有大量最新的网络营销理论和数据，可以极大地充实自己的词典。

呈现方式、照片和图表的展现方式、文字的分配、颜色的区分使用、资料本身的设计性等，都应该作为"设计范例"加以收集。

设计能够体现一个人的个性。漂亮的设计能触动对方。用烹饪来比喻，可谓是装盘的样品集合。

像这样，阅读杂志的同时进行"解剖"，收集与自己的产出直接相关的素材，以后使用起来会很方便。如此一来，在享受读书喜悦的同时，还能为未来做好准备[2]**。**

NOTE

注2：我想称之为"商业解剖学"。

读书技巧 69

阅读商业书籍和杂志时应重视图表（结构图）

我所尊敬的一位营销策划员前辈，在制作企划书时有个原则，就是绝不给人看多达数十页的企划书，而是将所有内容在一张 A3 纸上完成图表化。**他尽力使企划整体实现结构化，让客户一目了然，便于理解**[3]。策划员就是像这样致力于图解信息的。

反过来考虑，**可以说，已经结构化的图表里塞满了制作者想要表达的信息，所以我们在阅读商业杂志或商业书籍时，如果关注图表（结构图），就能做到迅速理解**。因此，我们读书时应该首先只仔细观看图表，理解其结构后再继续深入阅读。而且，若能事先收集各种图表，到产出时将会非常方便。

NOTE

注3：多摩大学的久恒启一是使用图表的高手。久恒先生能把任何东西转化为图表，令人震惊。多摩大学的主页，以及久恒先生参与的"知识生产技术研究会"的主页，都上传了他的图表。

　　那位前辈复印了《哈佛商业评论》中的大量图表，始终追求新结构。即使在阅读学术书籍时遇到难以理解的文句，只要将其进行图解之后再看，往往就能明白作者想要传达的信息了，很是神奇。阅读商业书籍也不要忽略图表，应该仔细观看。尤其是由著名商人制作的图表，大多简练而直击本质，需要格外留意。

读书技巧 70

利用"Slideshare"解剖优秀的企划书

获取"菜谱信息"的最佳途径，当然是阅读优秀的企划书。前辈们的企划书或事业计划书，是距离我们最近的案例样本，而只要利用"Slideshare"这一云端服务，就能免费阅读全世界的企划书和演示资料。

能够阅览全世界演示资料的网站"Slideshare"。

尽管英语资料占了大半，但其中也有日语资料。如果只想粗略浏览，可以去"NAVER Matome"网站寻找题为"绝佳演示资料汇总"的Slideshare公开资料一览，即可查找到数不胜数的样本。

此时需要关注的不是"内容"，而是优秀资料的"结构"。更直接地说，就是要注意目录条目。这是因为，内容会随时代或目标而发生改变，是无法直接使用的。相比之下，**我们更应该关注演示资料是如何组成的，留意作为骨架的"结构（目录条目）"，将其作为逻辑展开的模式纳入参考。**

逻辑的展开因人而异，所以请记住，要找到适合自己的展开模式。当然也可以掌握多种模式，然后根据目标做出选择。

读书技巧 71

找到憧憬的文体风格

一旦开始关注产出，就会考虑该以怎样的文体、展开来安排文章。于是，读书时的目的就会稍有改变。也就是说，**读书的目的不只是习得他人的教训，还有"找到文章的范本"。**

我上学那会儿，和恩师中村尚司先生一起吃午饭时，曾向他请教过文体的事。中村先生对我说："据说，鹤见良行起初研究的是柳田国男的文体，但觉得有些不对劲，就又参考了宫本常一，经过不断实践，才形成了现在的文体。"

当时，文体于我还不是切实的问题，所以我并未深入思考。后来到了需要彻底考虑如何写书、如何用简明易懂的文章写企划时，才不由自主地开始思考"自己的文体"对读者的影响。

在以产出型读书为前提的情况下，我们应该掌握"理想的文体"这一出口。可以参考明治大学的斋藤孝先生的写作技巧——换用各种不同的说法，将关键词安排在文章中反复强调；或者像松冈正刚先生那样，将关键词的相关信息不限古今东西、纵横无尽地布置超链接，使文章如游牧般恣意驰骋。

深究起来，这个问题也关系到逻辑展开。起承转合也好，始中终也好，总之需要掌握自己憧憬的展开方式。

读书技巧 72

每天早晨七点半，通过"Gunosy"获取策展信息

我以前一直是通过RSS阅读器来获取目标信息及相关信息的。然而，要想通过这种方法获得真正想要的信息，就只能再用"自己的眼睛"去扫描文字信息，确认是不是自己真正想要的。这个检查工作真的相当麻烦，倘若没能找到好的信息，就会感到非常沮丧。

因此，我推荐使用"Gunosy"这一智能化的个人杂志。它所推荐的信息，其恰当程度惊人，简直不可思议。该杂志会对你过去投稿内容的倾向及社交图内的活动进行分析，再根据分析结果筛选出关注度高的信息，每天用邮件推送。而且，**它还会学习记忆你在邮件中查看过的报道，然后改善算法，因此用得越久，策展的精确度就越高。**

Gunosy每天早晨推送策展信息。

登录以后，每天早晨七点半都能收到策展杂志。在通勤电车里，**查看Gunosy发来的策展信息，并在Facebook上分享必要的信息，养成积累数据的习惯吧**。如此一来，**每天的通勤电车就能变身为积累数据的工具**，实现轻松而高效的数据收集。

读书技巧 73
对业界关键人物进行定点观测

我于 2008 年出版《读书技巧》后，博客是我当时最红的个人媒体。但现如今，Twitter 和 Facebook 已成为主流，名人们正把发言的场地移向"收费邮件杂志"。这再次令人切实地感受到，随着云端的进化，不过短短几年时间，媒体形式也已发生了巨变。

经由个人发布的信息，有时能比电视新闻更早地把握世间的潮流动向。关注特定的个人社交媒体，就能在第一时间获得必要的信息。其中关键在于**"从所有领域挑选关键人物，随时关注其言行举止"**。

有一种调研方法叫作"定点观测"，即在持续观察同一个目标的过程中，把握细微变化和整体倾向。

市场营销专员三浦展因对吉祥寺的定点观测而在业界闻名，他一直都在观察年轻人的时尚风潮。我以前负责客户物流的时候，就对大型超市内的商品上架情况，进行了三年左右的定点观测。神奇的是，经过长期持续的观察，我明白了买方的思维。此外，如果因买方的人事变动而导致负责人更换，商品的上架情况也会发生巨大变化。

我在阅读个人媒体时采用了这一手法。**我会观察作者的行为规范所围绕的轴是什么、最近的兴趣天线指向何处等要点，逐渐接近其人物形象。**

我在Facebook上关注了歌手Lady Gaga的经纪人特洛伊·卡特（Troy Carter），以及因音乐软件"Napster"和音乐播放平台"Spotify"而赫赫有名的肖恩·帕克（Sean Parker），此外还有一些人。我关注的都是对其业界造成冲击力的要人的动向。以前基本上是依次分别访问各人的博客，而如今Facebook成了终端，所以现在要做的，就是追踪上传到Facebook上的报道，关注Twitter用户的动向，积累有趣的信息。

读书技巧 74
开始读书前预先假定目标

不管是商业还是其他领域，**与其站在求学者的立场上，不如把自己放在教学者的角度，只有这样才能做到真正理解。向别人说明内容时，如果答不上对方提出的疑问，就证明自己并未真正理解。**

读书或浏览会议资料时，应该始终以自己接下来将"向别人说明"作为前提。这是增强理解的一个技巧。光是做到这一点，对内容的把握程度就会有质的提升。例如，假设你出席了某次会议。在会场上，你不能只是自己把握内容就算了事，**还应该设定假想目标——"向谁说明"。如此一来，"架构"就不一样了。**

如果目标假定为上司，就必须干脆利落地陈述要点和课题。这样一来，你就会在会场里架起一个传感器，用来寻找关键词。反之，如果目标假定为后辈呢？你只要从会议的目的开始讲起，说明今后需要注意的要点，并加入自己的提点，对方就能顺利理解了。

就像这样，开会前应该预先假定接下来的说明对象，然后再与书本或资料对峙。如此，阅读的深度自然会变得不同。

也就是说，**阅读时应该始终保持多视角的架构。这一点至关重要**。其中之一是为了更深刻地理解当前所直面的信息，而以向别人说明为前提去阅读。另一是寻找能够活用于自身产出的部分。这种剑术家宫本武藏式的"二刀流"，才是高境界的产出者所应当具备的视角。

读书技巧 75
对过去的资料进行版本升级

我们往往容易被读书一叶障目,因而忽略自己身边的有用资料。尤其是商务资料,其中肯定有一些过去的项目资料已在文件夹里保存多年,却再未翻开过。如此说来,**相较于书籍,能够成为血肉的商业智慧很可能更多地沉眠在我们身边的资料里。**

如果你是商务人士,请把自己以前做过的项目资料铺展在书桌上,重新审视过去的工作。

如此一来,在阅读资料的同时构思今后的业务,可能比阅读十本商业书籍的收获更多。而且,将可用的资料解剖,还能成为日后工作的食粮。

我所认识的大多数优秀商人,在每次工作结束后,一定会将失败和成功一起进行总结,从中吸取教训,活用于下一个项目。翻出过去的资料,站在版本升级的立场上,把自己当成"红笔老师",尝试进行改写。如此一来,说不定就能对下一个业务的创意提供帮助。

此外，最重要的是"菜谱信息"的版本升级。若能按照现今的样式，将所谓的"商业模式"加以改编，就能实现企划的量产。要记得把触角也伸向这些周边信息。

读书技巧 76

总结：黑泽明导演的剪辑习惯

据称，导演弗朗西斯·福特·科波拉（Francis Ford Coppola）在拍摄《现代启示录》时迟迟无法完成剪辑，黑泽明导演告诉他，"当天拍完的部分要当天剪辑"。这或许便是黑泽明导演制作电影的技巧吧。然而，我从这句话中感受到了干脆利落地完成产出的本质。仿效黑泽明导演的话来说，就是"当天分配的资料当天解剖，为第二天做好准备"。

前文已经说过，解剖的信息可分为"菜谱信息""食材信息"和"装盘信息"三种。

"菜谱信息"用商业的话讲，就是"企划书的种类"。种类有很多，如事业计划、宣传策略、品牌战略、市场调研、调查报告书等。对此应该进行大量积累。更要注意的是，一旦习惯以后，人就会开始贪图安逸，所以要记得勤做版本升级。

此外，应该养成习惯，边看最终企划书边回顾已经结束的项目，对自己的工作进行总结："那次会议与下一次会议中间之所以隔了这么久，是因为自己给员工们只做了一次演示，于是就彻底放心了，那想法真是天真""使用这种分析方法，只要再稍微缩小项目的范围，就能在确保质量的同时，缩短完成产出所用的时间""客户当时说的那番话实在太尖锐了"。

项目结束并不算完，要从已结束的资料中提炼有益于未来的经验智慧，为此应该再次阅读项目资料。由于这种阅读基于自己的经验，所以应该能够有所触动。重读积累的文件，进行版本升级，为以后做好准备吧。

"食材信息"是时刻要求新鲜度的。说得直白些，已在媒体上发表的信息属于"昨日黄花"。因此到了这个阶段，需要做出抛弃依赖媒体这一立场的觉悟。

总之，要靠自己获取必要的信息。采访如此，观察也是如此。真正靠得住的信息是什么？是"在现场亲眼确认的信息"。这称为"一手信息"。刊载于媒体的信息称为"二手信息"。在当今时代，我们是在参考二手信息的同时，靠一手信息来决定胜负的。希望你能对这种现状有所了解。

最后，"装盘信息"指的是设计。正如前文所述，杂志上有大量的照片和图片，是制作设计范例集的绝佳素材。请坚持解剖杂志，为自己的产出大量收集可供参考的样本。

只要从身体上养成习惯，像黑泽明导演那样当日事当日毕，我们就能时刻做好创造新产出的准备。能够干脆利落地制作出优秀企划书和资料的人，应该已经掌握了像黑泽明导演一样日常化的准备和技术。

当日的资料当日解剖，养成早作准备的习惯吧。正因为忙碌，这才是希望实现日常化的现代人应该掌握的读书技巧。

第 7 章

用于超级产出的数据库技巧

读书技巧 77
梅棹忠夫的知识生产革命

最后的第7章，将介绍通过以前阅读的书中的信息，来创造新表现（即产出）的"结构"。这种结构化的骨架来自于梅棹忠夫先生的《智识的生产技术》。

该书是在距今四十多年前的二十世纪七十年代初期掀起"知识生产热潮"的名著，至今仍在不断重印。该书体系化地阐述了包括"卡片系统"在内的创造知识生产的步骤和技术，以今天的眼光来看，确实属于陈旧的模拟技术，但即便到了互联网时代，作为"概念"也是不变的，所以我们从一开始就应该牢牢掌握。

简单来说，"知识生产的基本概念"由以下三个步骤构成。

知识生产的基本概念

①京大式卡＜信息收集＞→②KJ法＜信息的结构化＞→③小笺法＜文脉化＞。

① **京大式卡＜信息收集＞**

京大式卡是存有各种信息的B6尺寸卡片，可以用它摘录阅读中可供参考的文章；如果是像我一样的市场营销人员，也可以

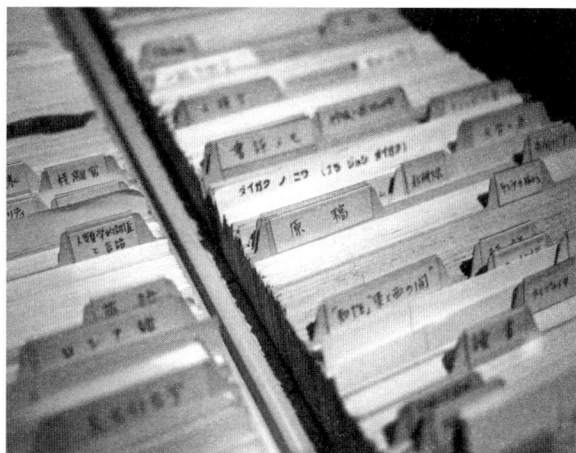

梅棹先生的卡片系统（笔者拍摄于"梅棹忠夫展"）。

用它来积累各企业品牌战略的案例，加以学习。另外，可在其中自由记录任何内容。使用它的目的是信息收集，因此关键是要尽可能多地记录与主题有关的信息，留存备用。

② KJ法＜信息的结构化＞

积累了足够的素材，确定了产出的主题，接下来就该使用KJ法了。这是梅棹先生的校友——京都大学的川喜田二郎先生开发的构思法，KJ是川喜田二郎先生的姓和名的首字母。

这种方法想必很多人都知道。首先，将相似的信息分组化，然后分析各个信息组之间的关系——例如相互关联、相互排斥等，同时对其进行结构化处理。

③ 小笺法＜文脉化＞

最后是小笺法。这是一种原始的方法：根据主题，将信息片段分拣排列，分别用订书机订在一起，形成企划书或论文的框架。需使内容情节化的时候，只要将各种信息分拣排列，同时构建故事即可。

　　这三个步骤是四十年前的知识生产概要。简而言之，就是**通过"使信息卡片化，将信息群分组，经过整理后分拣排列"，形成能够创造新价值的结构。**

梅棹先生的小笺。形成文章的文脉（笔者拍摄于"梅棹忠夫展"）。

读书技巧 78
鹤见良行的三个巨大数据库

　　理解了整体结构以后，再尝试聚焦于信息收集部分。此时，可在读书的同时，参考立教大学共生社会研究中心的鹤见良行文库数字档案[1]。

　　鹤见先生著有《香蕉与日本人》《海参之眼》等作品。他从公民的立场出发游历亚洲、从实物的角度分析经济，是以简明易懂的手法而闻名的研究学者。任何人都能通过网络，对其内含大量亚洲各国照片和藏书的数据库进行检索。我读研究生时，曾去鹤见先生家中拜访，亲眼拜见了他的数据库。先生是分为三大要素来积累数据的。

　　① **读书卡**：就是将可供参考的文献的文章、页码、作者名、书名记载在京大式卡上。鹤见先生拥有的卡片多达四万枚。

NOTE

注1：参照鹤见良行文库数字档案。

② **日记**：外出实地考察，每天记录笔记。笔记的左页用来粘贴所遇之人的名片和地图，右页则详细记录当天发生的事，并写下自己的假设。

③ **照片**：鹤见先生的摄影技术是专业级的，甚至足以刊登在杂志上。他用去数十年时间进行实地考察，足迹遍及亚洲和大洋洲各国，存有数万张照片。现在，任何人都能通过数字档案阅览这些照片。

鹤见先生拥有如此了不起的数据库系统，光是对这三个部分进行重新编辑，就能完成其全部著作里约八成的内容。**鹤见先生一直孜孜不倦地创建这个数据库，用他的话说，是"类似江户时代的工作"，而在如今的时代环境里，任何人都能用智能手机迅速构建一个小型数据库。**

鹤见良行文库数字档案。任何人都能检索阅览。

因此，接下来将介绍一个小技巧，它可以将伟大前人的知识生产技术在云端实现聚合，使个人能够创建小型数据库，进而为产出做好准备。

读书技巧 79
在云端聚合知识生产系统

　　理解了知识生产的这种本质以后，我们应该驱使社交技术对其进行聚合，实现易用的目的。

　　首先，要培养起将迄今读书所得的名言、杂志的信息碎片等所有信息建成数据库的意识。这一点很重要。然而不同于模拟数据库的构建，在社交媒体上构建数据库，关键在于"贴标签"。所有信息均通过"标签"和"时间轴"进行管理，然后只要不断上传信息即可。利用这一技术，可以使构建数据库所需的时间骤减，而且还能降低维护管理的成本。

　　关键是要把握所利用的云端服务的特征，在认清使用目的和活用要点的基础上进行选择。

　　下面从我的经验出发，介绍四个相关事例。

① 将博客数据库化

　　我初次尝试构建数据库，利用的是博客服务。博客可以写日记、上传照片，还能根据日记的内容来贴"标签"进行分类。所以，读书后可以制作"读书卡"，所有模拟作业都能移交到这里进行。

　　从2006年起，我开始活用博客，向其中上传"读书卡"。读书后，我会在博客里写下：①值得引用的出色文章的摘录和页码；②由此浮现的假说；③可用于企划的创意。文字量非常庞大。利用博客创建"读书卡"时，可以与亚马逊或乐天网站的附属系统联动，这样一来，这本书的基本信息（封面、标题、作者、出版日期）就会自动显示出来，非常方便。

　　此外，博客的优点在于，如果定期写日记，就能吸引特定

2010-03-14　野生の思考 編集

■[読書カード]

野生の思考
作者: クロード・レヴィ・ストロース,大橋保夫
出版社/メーカー: みすず書房
発売日: 1976/01/01
メディア: 単行本
購入: 6人 クリック: 52回
この商品を含むブログ (106件) を見る

○呪術は科学の体系ではなく、独立したもの。形は類似している。科学の隠喩的表現というべきもの！

■呪術的思考や儀礼が厳格で緻密なのは、科学的現象の存在様式としての因果性の真実を無意識に把握していることのあらわれであり、したがって、因果性を認識しそれを尊重するより前に、包括的にそれに感づき、かつそれを演技しているのではないか？ (P15-16)
■人間は、感覚に直接与えられるもの（感覚与件）のレベルでの体系化というもっとも困難な問題にまず取り組んだのである。 (P16)

活用博客数据库管理读书信息，不仅限于引用部分，如果把假设和创意都写下来，对于产出将会非常便利。还能发布照片，是综合处理信息数据库的方法。

的读者发表评论，双方可以交流意见。不过，读者是否访问博客全凭心情，并不确定，所以很难实现稳定的信息交流。这可以说是博客的一大难点。

② 活用"Evernote"

我有六个与市场营销有关的数据库。走路时想到的创意和可供参考的照片，被我存在了手机里；网络上的统计数据，被我整理到了电脑的收藏夹中；读书卡发表在博客上；旧企划书的范本及项目结束后努力积累的"教训笔记"，则用 Word 文档分条整理。这些数据库分散在不同的设备上，使用起来很不方便。这就是 2008 年以前的状态。

如今，云技术发达，所有数据能在瞬间汇集到一处，可以从任何一个设备访问。继博客之后，我第二个实验的是"Evernote"（一款多功能笔记类应用）。

Evernote 被设计为汇集所有信息的"第二大脑"服务。它能将文本、图像、网页、音频等各种信息汇集在一个数据库里。

我经常手持 iPhone 手机逛街，拍摄可以激发创意灵感的照片，并为了进行目标分析而观察各家店铺。所有这些创意信息，都存储在 Evernote 里。

进行实地考察时，用手机拍摄现场照片，直接存在 Evernote 里，这样就能在所有设备上同步访问信息，不用再把数据线连在电脑上传送数据。

其中，我最看重的是网页捕获功能。利用这个功能，单击一下鼠标就能把想要的网络报道保存下来，而且保存的不是地

除文档、照片外，语音笔记、视频、网页、PDF文件等所有信息均可记录。

址，而是类似界面截图的状态，过后检索时非常清晰易懂。而且还能记忆语音笔记，可以对现场的采访或演讲进行录音，可以直接实现简单管理。

懒怠的人，或许也可以把手机本身当作数据库。因为无论是笔记、照片、录音、云端上传，用手机都能全部搞定。

管理基本上靠"标签"和"时间轴"进行。上传时为每个领域和主题分别设定标签，即可维系笔记信息之间的联系，以后检索时将发挥极大的功效。而且，Evernote具备检索功能，包括图像内的文字信息均能检索，所以可以在必要时流畅地阅览所有信息。

③ 活用"Dropbox"

对于多人参与的项目而言，最适合团队共享信息及共建数据库的工具，是云端服务"Dropbox"（一款免费网络文件同步工具）。共享很简单，只要创建团队文件夹，设定希望共享的成

利用 Dropbox 共享文件夹，把握信息和业务进度。

员即可。选定结束后，会在成员的 Dropbox 客户端中自动创建团队文件，然后只要输入信息，即可实现团队共享。

　　参与项目的成员可以自由创建文件夹，所以使用起来非常方便。关于活用 Dropbox 的事例，后文会做详细说明。

④ 活用 "Facebook"

　　最后是 Facebook。"Facebook" 是全球用户突破十亿人的怪兽级社交网站。它的优点在于实名制，什么人发表了什么样的言论一清二楚，所以不会像匿名网站那样混乱不堪。在 Facebook 上进行讨论或交流意见时，大家的底细都很清楚，所以能够非常放心地参与其中。

　　创建一个不同于私人空间的、作为研究数据库的 Facebook 网页，上传笔记、照片、参考数据的链接，就能建成一个相当充实的数据库。而且 Facebook 上还有各种各样的群组站点，可以积极参加自己感兴趣或关注的社群，获取有益的信息。

Facebook非常便利。登录用户人数众多,功能也很丰富,有多种使用方法。

　　Facebook不仅能够存储信息，大家还能在评论中发表各种意见，所以很容易进行沟通交流。团队若想创建充实的数据库和创意装置，Facebook将是一个很好的选择。

读书技巧 80
在2天内收集近300条商品开发线索的 "Dropbox活用术"

我以前负责协调某制造商的新商品开发项目时，曾经活用过Dropbox。那是个面向女性顾客的新饮料开发项目，团队成员12人，用时一年。该项目与众不同之处在于，有关商品开发的所有调研都是用iPhone完成的。成员自己亲眼观察，如果觉得目标"有趣"，就收集起来。

很多成员看到媒体中出现的一些信息时，就觉得"想制造这样的商品"，然而通过已被媒体报道过的信息所制造的商品，送至店里上架后，看起来总是显得很"老套"。因此，我便决定让大家周六上街，把目标女性看似喜爱的东西一一拍照，上传到Dropbox，再用KJ法归纳整理，创造概念。

于是，令人惊讶的事情发生了。仅仅周六一天，全国各地就上传了近300张有参考价值的照片。如果委托调研公司来做这件事，不仅需要支付相当高的酬金，而且若由一人来做，不知道得用去几个月呢。

由此即可看出云端技术的卓越之处——能从任何位置保存

信息，而且能够统一管理。在企业里，很少需要一个人单打独斗。做"团队项目"的时候，像这样设定共享的云端口袋，由大家创造一个产出装置，上传各种信息，可以得到很多启发。

读书技巧 81
可用无印良品的商品创建的500日元小型数据库

　　话虽如此，可能有人会说自己不会用云端。这样的人，请务必试试用无印良品的文具构建小型数据库。

　　如今的文具店已极少有售"京大式卡"，其替代品是"信息卡"。信息卡用棉纸制成，一套35张只卖105日元，所以就算凑

适合案头使用的模拟数据库。

足100张，不过才315日元而已。还有"PP抽屉整理托盘"，其大小刚好适合用来保管信息卡，售价为120日元。

　　书中划线的重要位置的引用、随时浮现的创意，都可以记录在信息卡上，然后使用KJ法分组，将信息的组名写在"论文索引便利贴"（175日元）上，这样一来，小型数据库就建成了。

　　若是学生，将每堂课的要点分别写在信息卡上，到学期末提交报告的时候，通过小笺法分拣排列，按顺序写下随笔，就可以干脆利落地写完报告，而不至于从零开始。

读书技巧 82

利用头脑风暴读书来突破壁障

　　板坂元先生在《思考技术与写作技术》一书中，介绍了一种激发有趣创意的阅读术，名叫头脑风暴读书。据说，**当板坂先生思路滞塞或是觉得生活单调而试图摆脱的时候，就会购买二十本左右的杂志，用两天时间彻底读完。**

　　那么，实际中应该怎样做呢？我们来看看他在书里是怎么说的吧。

　　"买的时候，不能慢慢思考一本本杂志的内容。总之，拿起哪本就买哪本。而且，尽量不要仔细看杂志名，这样效果最好。股票、时尚、漫画、体育、汽车、思想、烹饪、手工艺、旅行等，要做出令报亭老板目瞪口呆的富于变化的选择。我通常会在周末，把这些杂志从封面到封底通读一遍，连广告页也不放过。与其说是阅读，或许不如说是观看。当然，有趣的报道会全部读完。用两天时间看完这些杂志后，我总是能想到新的创意，也能从其他角度重新审视此前无法解决的问题。"

　　这里的关键在于"不挑杂志的种类"。即使领域不同，通过该行业专家简明易懂的措辞或比喻，也能比以前更深入地理解自己的业务。这与类比读书有相通之处。**召来这种"有意义的偶然"从而跨越壁障的方法，就是头脑风暴读书。**

　　从板坂先生"能从其他角度重新审视此前无法解决的问题"这一发言可以看出，通过广泛阅读完全不同的领域的信息，能从多种角度把握自己的对象，从而突破壁障。

　　这种多视角解决问题的方法，光靠阅读专业书籍是无法产生的。倒不如说，只有把目光移向专业以外，把自认为大有启迪的东西引入自己的工作，才有可能诞生新鲜事物。

　　说得夸张一些，戏剧的表演方法里就可能存在做演示的关键，团体运动的练习中就有总结业务项目的诀窍。因此，**读者也不要局限于自己喜欢的领域，应该积极挑战完全未知的领域，要具备外学内用的逆向模式。**

读书技巧 83

相信直觉，收集"喜欢的"文章

我想大声告诉你的是，在进行表达、产出的时候，要相信自己对于所钟爱事物的感觉。**表达就像自直觉经验而滴落的水滴。正因如此，大量积累自己喜欢的信息至关重要。**不仅限于杂志的视觉信息，收集书中喜爱的文句同样重要。

就在几年前，明治大学的斋藤孝先生发明了独特的"三色圆珠笔读书法"。这种方法就是在作者想表达的最重要的位置划上红线，一般重要的位置划蓝线，自己觉得有趣的位置划绿线。在最重要的位置划红线，是找到了所有人的共通点，也是准确洞悉了作者的结论和信息。从这一点上讲，划红线对于商务人士而言也许非常重要。

然而，从创造独特表达的角度来看，我认为"绿线"的部分才更重要。这是因为，像红线和蓝线那样带有某种客观性的文句，常被用于总结企划、文章或说服别人的场合，而像绿线那样的主观性强的文句,则更与个性息息相关。让你觉得"哎呀，这个有意思"的文句,是已在自己意识中开始萌芽的表达的种子。

收集与自己相呼应的有趣素材，了解其之所以有趣的本质

和规律，你就能掌握富于创造性的方法。不仅限于照片，文字信息亦然。

这里有个小窍门，就是在有趣的位置划完线后，在书页的空白处写下之所以有趣的理由。整理出理由，读完再来回顾，这样就能清晰地看见读书时的课题和背景。这些笔记有助于使表达迅速成形，还能为你指出不必要的信息。

读书技巧 84
在图书馆一口气制作读书卡

　　我会对书精挑细选，把它们统统当作自己产出的信息源。踏入社会以后，我很少去图书馆。倒不如说，我想把自家弄成图书馆。最重要的原因是，我习惯在书页的空白处做笔记，所以不能借图书馆的书。出于这个理由，我已有十年不曾踏足图书馆了。

　　可就在前几天，我为了获取女儿暑假自由研究的参考信息而走进了图书馆。时隔多年再度置身其中，我感受到的是焦躁，后悔自己以前的决定。个人购书量与图书馆的藏书量相比，简直就是天壤之别。还是数十万册书组成的森林的震撼力更大，其中的每一棵树在我眼中都是养料。

　　例如，为了写作本书，我几乎购买了市面上所能见到的所有"读书论"相关书籍。

　　可是，**我在图书馆里吓了一跳，因为这里摆放着一长列从古至今的"读书论"。历史就在其中。**

　　置身图书馆时我才意识到，我在书店里所能买到的，要么是以前一直畅销的名著，要么是当下正流行的书，仅此而已。

于是,我明白了书店的不足之处(只有畅销书和新刊)。与之相对,摆放在图书馆书架上的,是自二十世纪七十年代起约三十年间出版的"读书论"历史本身。

总而言之,**图书馆是发掘主题书历史与流淌在其根部的(至今仍能活用的)本质性关键词的最佳场所**。我在图书馆做了一件事,就是一口气制作了能够活用于本书的"读书卡"。作业过程很简单:从头浏览作为对象的读书论书籍目录,挑出值得一看的书,通过目录读书来选择制作"读书卡"的候选书籍。与此同时,在目录中应该阅读的章节处贴上报事贴作为标记。

然后开始仔细阅读所选书籍中的目标章节,把有趣或重要的引文输入电脑。主要是不能在书上记录,所以只能当场打字输入电脑。

读书技巧 85
利用书夹解放双手

制作读书卡时，理想的状态应该是双手一直放在电脑键盘上不停打字才对，但实际情况却是，只能翻开书页默记其中的数字和文字，再把书直接朝下扣放，然后打字，如此不断重复。或者，是用肘部压住书，同时敲击键盘。这种方法翻页也很麻烦，如果时机把握不好，书页就会合上。

最好买两个书夹，分别从两侧将书固定好。将信息移植到电脑里的时候，书夹相当好用。

要想消除这种用手按住书页时的烦躁感，最好用的工具是"书夹"。

书夹是晾衣夹和重物的组合体。单个可售，但只用一个打不开书，所以必须有两个才行。利用书夹，双手就能获得自由。

用书夹分别从两侧夹住翻开的书页，使书本在打开的状态下保持稳定，这样就能一直打字输入文章或自己所做的笔记了。自己的书可以在上面划线或做笔记，形成一定的记号，即使书页合上了，也能很快找到先前翻开的页码，而这种书夹真正能有用武之地时，其实是在图书馆里抄录文献关键词的时候。

图书馆的书别说在上面划线了，连折起书角也不行，所以可使用三色报事贴做记号，根据记号用书夹固定相应的书页。这样一来，就能真正毫无压力地把馆藏书籍中的信息快速移植到读书卡上了[2]。

NOTE

注2: 我所购买的书夹是由"巴算盘"公司出品的。这款商品说不定是为了用算盘压住账单而开发的。其"压强"足以媲美厚重的词典和百科全书，能使双手得到解放。从这个意义上讲，这种书夹非常适合用于边做饭边读书，或边看减肥书边活动身体的场合。

读书技巧 86
产出时用文件夹统一管理材料

数据库积少成多，一旦到了产出的时候，每次查找必要信息都很耗时。若能将产出所必需的所有数据材料汇总到一个文件夹里，就能节省时间，非常高效。

我以前负责某品牌的营销策划时，曾将所有的必要数据进行加工、整理，使之如同词典一样方便查用。我们称之为"概

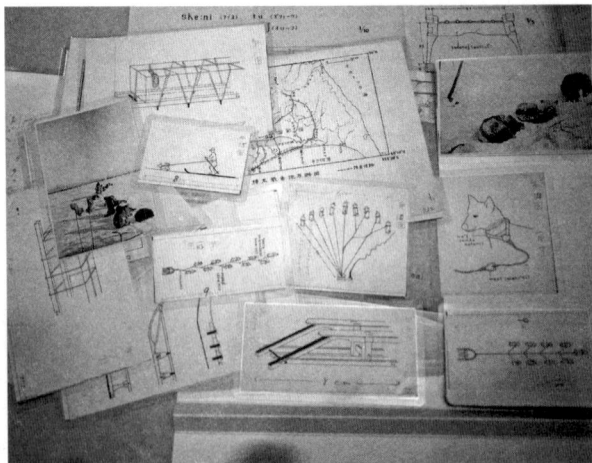

梅棹先生的统一文件夹。其中汇总了所有的必要信息（笔者拍摄于"梅棹忠夫展"）。

况"，将多达数百枚的数据统一装在一个文件夹里，放在书桌一旁，随时都能查用。制订下一年的营销计划时，依据都在其中，所以非常方便。

梅棹忠夫先生在产出时，也是基于小笺，将所有必要信息放在一个文件夹里。我曾在展览会上见过实物资料，文件夹中的数据之多，经过编辑立刻就能完成一篇文章的八成。

请像这样，在产出时把必要数据统一放在一个文件夹里。如果使用电脑，可在桌面建立一个文件夹，把数据库中的必要信息统一放入其中，备齐数据，使用起来会很方便。无论是制作企划书，还是写书的时候，亦或是制订事业计划的时候，都可以采用同样的方法，把必要数据汇总到一个文件夹里。

实体化也一样。将必要的数据或信息放在透明文件夹中统一管理，或者在产出时放在文件箱里随时取用，就不会手忙脚乱，真的非常方便。

读书技巧 87

产出集中在早晨

据说，社会学鼻祖马克斯·韦伯（Max Weber）早晨绝对不会看报纸。他认为，早晨正是从夜晚睡眠中解放出来的时候，正处于疲劳尽去的状态，所以应该读书而不是看报。这绝不是说他从来不看报纸，而是**早晨醒来，大脑开始高速运转，这样的时间应该用在与产出有关的读书上。可以说，这是天才学者的习惯性技巧。**

进而言之，这种习惯应该用来实现充满创造性的生活。也就是说，要把早晨定为产出的时间。

早晨的专注时间可能在通勤电车里。坐在电车里一手持书，一手运笔。或者，可以把书中得来的启发记录在手机里。不要错过大脑高速启动的时机，哪怕只有十分钟，也能通过读书获得创意。养成这样的习惯至关重要。

此外，还可以晚上早睡，早晨比规定的上班时间提前两小时出发，在公司附近的咖啡馆或家庭餐厅里，"投资"于能够激发创意的读书。光是做到这一点，就能令业务的生产效率发生飞跃性的变化。

　　我公司里有的前辈习惯在早晨加班。的确，无论是从韦伯式习惯的有效性角度，还是从商业环境角度来看，早晨加班确实要比晚上加班效率更高。

　　凌晨时的公司空无一人，电话也不会响，真的能够集中精神，是最理想的环境。现在回想上高中时，每次测验前的一周内，我都会在早晨六点半去学校教室，和朋友进行"集中测验学习"，直至开始上课。这种做法相当有效。比起晚上在家里疲惫不堪地学习，在教室这样诱惑很少的环境中，在大脑正处于高速运转的时间里，适合进行集中学习、集中读书。希望大家重视这种时间利用的习惯化。

读书技巧 88
读书的终极目的在于著书立说

　　一般入职五年，就会被公司安排负责现场、带领后辈，还会参与各种项目，积累经验，但光靠积累，是无法将经验与未来联系起来的。关键在于，工作每告一段落，就要总结此前的经验，把可用于今后工作的技能和诀窍以文字的形式保存下来。

　　前文说明了"名作文件夹（收集优秀企划书）""教训笔记（将经过整理的前辈言论、专业术语、工作开展方式及其规律分项记录下来的笔记）"等将智慧实现数据库化的技巧。而我自己一直以来做得更多的，其实是**"编写自己的教科书"**。

　　我的电脑里有一本题为《规划的基本》的教科书。此书是由我被分配到营销部门以来所积累的海量信息编辑而成，是独属于我自己的"秘笈"。

　　一天，一个后辈像曾经的我一样，在调查报告的制作上碰了钉子。于是，我悄悄把秘笈的复印件给了他。有趣的事情发生了。在会议上看过后辈手中秘笈的某位营业部长给我发来邮件说，"想基于这份资料召开部门学习会"。我在会上披露了自己所吸收的诀窍，头一次在公司里站在了"教学者"

的立场上。

直到那时，我才第一次真切地感受到，拥有自己的原创内容竟有如此大的威力。

我现在写书，并将其作为自己的原创内容，举办演讲会、研习会、企业咨询等活动。而我确信，其原型就在于这本教科书的编写。

若以歌手作比，这就类似贩卖CD专辑，举办巡回演唱会。商业作者的书的发售对应CD专辑的贩卖，演讲会可视为演唱会。也就是说，如果有了自己的内容，顺利的话就能发展到现场活动的程度。这其中隐藏着超越他人的秘密。

若能通过公司业务，将自己的经验和项目成果总结成教科书，就能作为内容进行编辑，从众人当中脱颖而出，得到开展新的现场活动的机会。 然而仔细想想，读书这件事情归根结底，是为了创造独属于自己的原创内容的书，或是为了产出。

是的，我们之所以探讨这些读书方法，终极目的可能都要归结于"自己写书"。人类是喜欢表达并被评价的生物。读书便是其手段和食粮之一。

明治大学的斋藤孝先生说过下面这段话：

"书是作为读物而存在的。这是普遍的看法，然而在我看来，书是为了读后'著书''立说'而存在的。"

读书技巧 89

总结：备好用于产出的数据库

本章所介绍的技巧，是用来实现产出的体系构建技巧。其中的主题大体有两种，**一种是"将有意义的偶然引入读书，以便能从多个角度深入观察事物的本质"，另一种是"将所有读书数据统一保存在云端，创建用来实现表达的独属于自己的数据库"。**

最近，我与下属谈话时才注意到，年轻人会一味地对流行敏感度高的人给予极高的评价，比如"他对〇〇特别了解""他对于〇〇的知识可不是开玩笑的"等。我想叫他们等等。我真的想说："你们要在学生时代的评价中耽溺到什么时候？"如果对方处于投入者的立场上，这样的评价倒也无妨，但真正的问题在于，对方是否能向世界贡献优秀的产出。这就另当别论了。

产出者是能够洞悉潜藏在表层表达之下的"规则"和"事物的道理和本质"，将其转化为自己的表达方法，并创造有价值的东西的人。也就是说，产出者必须具备这样的架势——在选拔大量信息的同时，从中领会属于自己的方法。因此，我以半说教的口吻劝诫下属：

"赶时髦本身莫名其妙地成了目的，对于策划者来说这真的合适吗？我们的工作是为世人奉上有意义的新事物，对吧？我们真正需要关注的，难道不应该是潜藏在潮流底部的规律吗？也就是说，我们应该运用规律创造新领域，然后将之同商业联系起来。这样的想法与你现在只顾着收集信息的做法，哪个才是策划者应有的工作姿态？

"彼得·德鲁克说过，预测未来的最佳方法是自己塑造未来。光靠投入就能获得好评的人，应该只限于学生。既然是社会人，只有认清那些藏在深处蠢蠢欲动的方法，并不断产出，才能得到好评。否则，至少我是不会给出好评的。"

我在本章只想说一件事，那就是：**"各位，请停止只局限于投入的读书吧。请切换成可以创造价值的产出型读书，构建属于自己的体系，超越他人吧！"**

这是一个哪怕只快一秒，也得在信息洪水中抓住有效商业信息的时代。而且，世界正以惊人的速度变化着，竞争的发展速度也越来越快，连公司的体系建设也追之不及。置身在这样的环境里，我们应该尽快拥有能够塑造创意的"个人"体系，做好准备以迎接即将到来的机遇。

不，更应该说，我**希望你能像"我创造了这个，你们觉得如何？"一样，比所有人更快一步地付诸行动，成为在云端策划的表达者。**

21世纪所欢迎的，必然是踏出开拓之步的人。

图书在版编目（CIP）数据

高效能阅读 / (日) 原尻淳一著；程亮译. -- 南昌：江西人民出版社，2017.9

ISBN 978-7-210-09598-9

Ⅰ.①高… Ⅱ.①原… ②程… Ⅲ.①读书方法Ⅳ.①G792

中国版本图书馆CIP数据核字(2017)第178544号

《DOKUSHO HACKS! — CHITEKI AUTOPUTTO NI TSUNAGERU CHOU INPUTTO JUTSU》
© Junichi Harajiri 2013
All rights reserved.
Original Japanese edition published by KODANSHA LTD.
Publication rights for Simplified Chinese character edition arranged with KODANSHA LTD.
through KODANSHA BEIJING CULTURE LTD. Beijing, China.

本书由日本讲谈社正式授权，版权所有，未经书面同意，不得以任何方式作全面或局部翻印、仿制或转载。

内文图版：OUMI KAZUHIRO

本书中文简体版由银杏树下（北京）图书有限责任公司出版发行。

版权登记号：14-2017-0358

高效能阅读

作者：[日]原尻淳一　译者：程　亮

责任编辑：冯雪松　温发权　特约编辑：俞凌波　筹划出版：银杏树下

出版统筹：吴兴元　营销推广：ONEBOOK　装帧制造：墨白空间

出版发行：江西人民出版社　印刷：北京中科印刷有限公司

889毫米×1194毫米　1/32　7印张　字数137千字

2017年9月第1版　2017年9月第1次印刷

ISBN 978-7-210-09598-9

定价：38.00元

赣版权登字 -01-2017-567